BIBLIOTHÈQUE
DE PHILOSOPHIE CONTEMPORAINE

LA THÉORIE
DE
L'HOMME MOYEN

ESSAI SUR
QUETELET ET LA STATISTIQUE MORALE

PAR

MAURICE HALBWACHS
Agrégé de philosophie,
Docteur en droit et Docteur ès lettres.

PARIS
LIBRAIRIE FÉLIX ALCAN
108, BOULEVARD SAINT-GERMAIN, 108

LA THÉORIE

DE

L'HOMME MOYEN

A LA MÊME LIBRAIRIE

DU MÊME AUTEUR :

La classe ouvrière et les niveaux de vie. *Recherches sur la hiérarchie des besoins dans les sociétés industrielles contemporaines.* 1 vol. in-8 des *Travaux de l'année sociologique*. . . . . fr.

QUÉTELET (A.), directeur de l'Observatoire de Bruxelles, associé étranger de l'Institut de France. **Du système social et des lois qui le régissent.** 1 vol. in-8 . . . . . . 6 fr.

LOTTIN (J.), professeur à l'Université de Louvain. **Quetelet, statisticien et sociologue.** 1 vol. gr. in-8. . . . . . 10 fr.

LA THÉORIE

DE

L'HOMME MOYEN

ESSAI SUR

QUETELET ET LA STATISTIQUE MORALE

PAR

MAURICE HALBWACHS

Agrégé de philosophie,
Docteur en droit et Docteur ès lettres.

PARIS

LIBRAIRIE FÉLIX ALCAN

108, BOULEVARD SAINT-GERMAIN, 108

—

1913

LA THÉORIE

DE

L'HOMME MOYEN

INTRODUCTION

Nous ne nous sommes point proposé d'écrire une étude d'ensemble sur Quetelet et ses travaux statistiques, ni de retracer historiquement l'évolution de ses idées[1]. Sa théorie de l'homme moyen nous a retenus,

1. La vie et les œuvres de Quetelet ont été l'objet d'études très détaillées et attentives. Sur sa vie, voir en particulier : Mailly (Edouard), *Essai sur la vie et les ouvrages de Quetelet*, dans l'Annuaire de l'Académie royale des sciences, des lettres et des beaux-arts de Belgique, Bruxelles, 1875, p. 109-297. Une bonne bibliographie de ses travaux statistiques se trouve dans : Knapp (Friedrich), *Bericht über die Schriften Quetelets zur Sozialstatistik und Anthropologie*. Jahrbücher für Nationalökonomie und Statistik, vol. XVII. Tout récemment, Lottin (Joseph) a publié un très volumineux ouvrage (564 p.), intitulé *Quetelet statisticien et sociologue* (Paris, F. Alcan), 1912, où l'on trouvera (p. XVIII-XXX) une bibliographie très détaillée et (p. 5-103) une étude très longue de la vie de Quetelet. Enfin, dans l'ouvrage, récent aussi, de Hankins (Frank H.), *Adolphe Quetelet as statistician*, New-York, Columbia University, 1908 (le plus intelligent travail que nous ayons trouvé sur notre auteur), l'esquisse biographique qui constitue le chapitre I (p. 9-35) est un tableau très vivant et très exact de l'activité scientifique de Quetelet.

moins encore à cause de l'influence qu'elle a exercée en fait, que parce qu'elle correspond à une conception générale intéressante et profonde des faits sociaux. Sans doute elle a été soumise à bien des vicissitudes. Le grand économiste Adolf Wagner, qui a diffusé cette théorie en Allemagne[1], comme Buckle, qui s'en est inspiré en Angleterre[2], l'ont quelque peu simplifiée et « vulgarisée ». D'autre part, elle a été l'objet d'attaques très vives, soit qu'on y ait vu une hypothèse trop étendue et trop vague, soit que, la prenant à la lettre, on en ait souligné les conséquences invraisemblables et quelquefois risibles. Aussi on a pu croire rendre service à Quetelet en débarrassant son œuvre d'une théorie discréditée, et qui ne serait point chez lui essentielle[3]. Par contre, le critique sans doute le plus pénétrant des idées de Quetelet s'exprime ainsi : « Le nom de Quetelet est ordinairement associé avec le terme : homme moyen, et avec ses remarques sur l'importance de cet homme moyen pour l'étude statistique de la société. Les idées impliquées dans le concept : homme moyen, sont au centre de toutes les recherches de Quetelet, et il est essentiel de les analyser pour comprendre ses écrits. Si on écarte l'unité qu'ils tirent de ce que la notion d'homme moyen s'y trouve plus ou moins généralement, ses écrits sur la population et la statistique morale, l'anthropologie

1. *Statistisch-anthropologische Untersuchung der Gesetzmässigkeit in den scheinbar willkürlichen menschlichen Handlungen*, Hamburg, 1864.

2. *History of civilisation in England*, Londres, 3e édition, 1861.

3. Lottin, *livre cité*, p. 517. « L'homme moyen de Quetelet est mort avant son auteur même... Personne, de nos jours, ne se soucie de lui. C'est justice, etc. »

physique, la méthode statistique et le système social manquent tout à fait d'un principe d'unité[1] ». Et M. Durkheim dit, de son côté[2] : « Quand Quetelet signala à l'attention des philosophes la surprenante régularité avec laquelle certains phénomènes sociaux se répètent pendant des périodes de temps identiques, il crut pouvoir en rendre compte par sa théorie de l'homme moyen, qui est restée d'ailleurs la seule explication systématique de cette remarquable propriété. »

En réalité, de deux choses l'une : ou bien les idées de Quetelet, nous ne dirons point : ne forment pas un système, mais plutôt, ne s'inspirent pas d'un même principe. Il aurait dirigé ses recherches en de multiples directions, relevé, dans les ordres de faits les plus divers, des régularités qu'il se serait borné à constater, ou qu'il aurait rattachées à des principes différents ou même contradictoires (nous verrons, en particulier quand nous en viendrons à la statistique morale, que bien des expressions de Quetelet peuvent d'abord le laisser supposer). Ou bien, et c'est ce que nous croyons, Quetelet a pensé qu'un même principe et qu'une même méthode devait permettre d'expliquer tous les faits sur lesquels l'observation a prise, que les rapports de causalité étaient partout d'une même nature, qu'une même loi dominait tout l'univers, et, pour cette raison, il s'est sans cesse reporté à la notion de moyenne, de type moyen, d'homme moyen, telle qu'il avait pu la formuler de façon précise à propos de certains caractères physiques simples de l'homme tels que la taille. Cette notion a joué un tel rôle dans sa pensée qu'il s'en est inspiré alors

1. Hankins, *livre cité*, p. 62.
2. *Le Suicide*, p. 337 (Paris, F. Alcan).

même qu'il sortait de la science sociale proprement dite, lorsqu'il essayait de définir l'idéal de la beauté, ou le gouvernement idéal. Elle est, chez lui, essentielle.

Toutefois, bien que, derrière toutes les études et théories de détail de Quetelet, se retrouve une telle conception, on aurait, croyons-nous, une idée très inexacte de la signification et de la valeur de son œuvre, si on la présentait comme un système dont toutes les parties soient à la fois bien liées, et exactement déduites des mêmes principes. Sans doute, la formation première de Quetelet a été celle d'un mathématicien. Il a toujours eu le goût des théories abstraites, des explications générales de l'univers. Mais Quetelet a été aussi, surtout peut-être, un statisticien, un observateur scrupuleux des faits : il a fait usage des mathématiques moins pour reconstruire hypothétiquement le réel que pour le mesurer avec précision, et en exprimer les formes à l'aide de formules ou de courbes adéquates. On sait comment ont été composés ses ouvrages les plus populaires, le livre « de l'Homme », en particulier : il y reprend, y rassemble, et essaye d'y fondre des recherches et études de détail, d'un objet extrêmement limité presque toujours. De là, en ces ouvrages synthétiques, bien des lacunes, des parties faibles, inégales, parce que, sur toutes les questions que pose le théoricien, les données ne sont ni aussi nombreuses, ni aussi valables, de là surtout l'absence d'un plan bien méthodique, d'un lien bien ferme, parce que les faits ne rentrent point facilement dans des cadres *a priori* trop rigides, les élargissent ou les débordent[1].

1. Cela est surtout frappant dans des ouvrages tels que son *Anthropologie*, écrite à la fin de sa vie (1871), où il essaie de tenir

Plus on le lit, plus on s'aperçoit qu'il a bien le sentiment de l'état embryonnaire où se trouve encore la science sociale : il se préoccupe de poser des questions plus que de les trancher; sa théorie est, à ses yeux, surtout une source incomparable d'idées directrices pour la recherche. Ce serait se méprendre sur le véritable caractère de son œuvre, que d'y voir une de ces reconstructions idéologiques de la société où se complaisent tant d'auteurs, en particulier de philosophes et d'économistes, de notre temps. En réalité, ce sont surtout des recueils de faits, classés et interprétés sans doute au nom d'idées théoriques, mais qui en demeurent quand même indépendants.

Il en résulte que Quetelet ne présente pas sa théorie avec la même sûreté, ni dans les même termes, suivant l'ordre de faits dont il s'occupe. Lorsqu'il parle des caractères physiques de l'homme, il considère l'existence d'un type moyen comme le seul principe d'explication possible de leur répartition régulière en deçà et au delà des cas les plus fréquents. Mais les faits sociaux, malgré les régularités qu'on y découvre, n'auraient point suggéré à eux tout seuls une telle hypothèse. Tantôt Quetelet parle d'égalité, de constance, de l'équilibre des sexes, du chiffre constant des morts, dans de mêmes groupes : tout en invoquant les lois du hasard ou de la probabilité, il se représente aussi volontiers le peuple ou la nation comme un corps organique, qui a son tempérament, ses habitudes : et c'est à un tout autre ordre d'idées qu'il fait

compte de toutes les données recueillies depuis ses premiers ouvrages, et de même dans la seconde édition de son livre *Sur l'homme* (1re édition, 1835), intitulée *Physique sociale, ou Essai sur le développement des facultés de l'homme* (1869).

appel. Tantôt, lorsqu'il envisage les mariages, les suicides, les crimes, il mêle, à l'hypothèse de forces constantes de nature surtout physiologique, qui rendraient compte du retour régulier de ces faits, des considérations d'ordre philosophique : il s'inspire des théories de Victor Cousin, et, à travers elles, d'Aristote; entre l'idée mathématique de moyenne et l'idée morale de juste milieu, il essaie un rapprochement et une synthèse. Ainsi, sa théorie se présente sous d'autres formes, ou, sous la même forme, de façon plus ou moins hésitante, suivant les compartiments de la réalité où il l'applique.

C'était une raison suffisante pour ne pas l'exposer comme un système, d'ensemble, pour en présenter séparément les diverses parties, en autant de chapitres distincts. Nous avons donc été conduits à adopter le plan que voici. Dans une première partie, sous le titre : la théorie de l'homme moyen physique, nous étudions l'application qu'a tentée Quetelet du calcul des probabilités à certains caractères physiques de l'homme tels que la taille. Dans une seconde partie, sous le titre : développement de la théorie de l'homme moyen physique, nous examinons les explications données par Quetelet de la régularité des faits de natalité et de mortalité, c'est-à-dire de faits qui ne sont pas encore moraux, d'après lui, et qui, parmi tous les faits sociaux, semblent le plus dépendre des lois de la nature physique et organique. Enfin, dans une troisième partie, sous le titre : l'homme moyen moral, nous nous attachons à ce qu'il a appelé les tendances au mariage, au crime et au suicide, et à ce qu'il dit de leur constance, en dépit de la diversité des circonstances et des individus. Ainsi nous avons essayé de marquer, en même temps que la continuité de sa conception, les atténuations au moins de forme qu'elle subit, chaque fois qu'il passe à un ordre de faits plus complexes.

Mais, du moment que nous nous placions à ce point de vue, que nous attachions plus d'importance aux problèmes étudiés par Quetelet qu'à l'unité de son système, que nous nous intéressions surtout à sa théorie comme à une source d'hypothèses suggérées à la fois par elle et par les faits, il n'y avait aucun inconvénient, et il y avait des avantages certains, à ne point présenter d'abord, sous forme d'un exposé ininterrompu, les parties successives de l'œuvre de Quetelet, mais, après avoir analysé chacune d'elles, à la soumettre tout de suite à un examen critique approfondi. Il est entendu, en effet, que les diverses parties que nous distinguerons dans l'œuvre de Quetelet ne sont pas solidaires, et que chacune d'entre elles doit être l'objet d'une discussion indépendante. Mais il se trouve, en même temps, que cette division a un fondement objectif, que chacune de ces parties se rapporte au domaine d'une science distincte, et que, à propos de l'une, puis d'une autre, nous serons amenés à poser des problèmes tout à fait différents, et qu'il valait mieux envisager chacun à part.

L'idée de présenter dans une même œuvre, intitulée *De l'homme*, des observations sur les caractères physiques extérieurs aussi bien que sur les démarches morales des hommes, correspond à une conception de l'homme et de la société qu'on peut bien dire définitivement dépassée. Si le seul « objet » à étudier était ici l'individu, si les lois de son action se devaient chercher dans sa seule nature, abstraction faite du corps social, on comprendrait qu'on mît ainsi sur le même plan, et qu'on envisageât dans leurs rapports, ses caractères physiques, mentaux et moraux. En raison de la complexité de la nature humaine, il faudrait même s'attendre à ce que ces éléments se combinent et réagissent sans cesse l'un sur l'autre, et il n'y aurait pas d'autre méthode à suivre que de mesurer la force de chacun d'eux et la part à lui faire. Quetelet a peut-être eu cette idée. Mais, comme il a, d'autre part, classé ces faits et ces caractères en catégories, et a soumis chaque espèce d'entre eux à un examen séparé, il a reconnu, ou, du moins, on a l'impression nette qu'il admet que l'homme physique et l'homme moral sont deux réalités bien distinctes. Il a étudié l'homme en société, il a parlé de l'influence profonde que l'organisation sociale exerce sur ses idées et ses sentiments. En revanche, il a pu parler de l'homme physique sans faire intervenir la notion de société. Lorsqu'il compare, sous le rapport de la taille, plusieurs milliers de conscrits, il n'entend pas que ceux-ci forment comme tels un groupe social, et il ne cherche pas dans la société les causes de leur répartition régulière autour d'une moyenne, de ce point de vue. Les facteurs dont les combinaisons diverses produisent les tailles inégales, comme tous les autres caractères physiques de l'homme, sont pour lui de nature physique ou biologique. La théorie de l'homme moyen physique était donc à exposer et à critiquer à part.

Mais une autre distinction doit intervenir. Hankins dit, très justement, que la statistique morale est cette partie de la statistique générale qui s'occupe des actes individuels classés communément dans la catégorie des actes moraux et des actes immoraux ; tels sont les crimes, les suicides et, en un certain sens, les mariages. Ces faits sont bien envisagés déjà chez Quetelet d'ensemble : il parle de la tendance au crime, de la tendance au suicide, de la tendance au mariage, comme d'autant de forces de nature morale, et qu'il convient de rapprocher. Mais il s'est fait une idée encore trop peu nette d'un groupe d'autres faits, dont l'étude est désignée d'ordinaire sous le nom de statistique de la population, c'est-à-dire des naissances et des morts. Il les a séparés des faits physiques et des faits moraux pour des raisons en somme assez superficielles, ou contestables : des premiers, parce qu'ils sont étudiés dans les sociétés, parce qu'ils portent sur le corps social tout entier; et des seconds, parce qu'ils ne résultent pas d'une activité apparemment consciente de l'homme. Mais, de deux choses l'une : ou ces faits ne dépendent point, dans leur constance ou leurs variations, d'influences en réalité sociales, mais s'expliquent par un simple jeu de forces physiques : alors, pourquoi les séparer des faits biologiques, et n'en pas rattacher l'étude à celle de l'homme physique ? Ou bien ces faits dépendent de la société, expriment des tendances sociales, et celles-ci peuvent être obscures pour la conscience individuelle, mais elles ne le sont pas plus que la tendance au crime, au mariage, et au suicide, puisque l'individu obéit à celles-ci, comme à celle-là, sans s'en rendre compte.

En réalité, la distinction faite par Quetelet entre les faits étudiés par la statistique morale, et les naissances et les morts, est quand même fondée. Mais le principe s'en doit chercher ailleurs. Sans doute, dans l'un et l'autre cas, la société paraît faire effort pour résister à des forces « naturelles » et surtout physiologiques, à des tendances individuelles, qui produiraient le désordre, et la décomposeraient. Mais cet effort est dirigé en deux sens différents, et donne naissance à deux espèces de faits sociaux bien distinctes. D'une part la société s'efforce d'obtenir des individus qu'ils se soumettent à ses intentions et à ses coutumes, et c'est pourquoi elle définit comme moraux ou immoraux un certain nombre d'actes, dont le nombre et le retour régulier exprime et mesure la force et la constance de son action. D'autre part la société s'efforce de réaliser et de conserver les conditions d'équilibre matériel, de grandeur, de structure, de situation dans l'espace, qui lui conviennent le mieux, et d'empêcher que les individus, livrés à leurs instincts ou à leurs passions, ne dérangent ces conditions et ne compromettent cet équilibre : de là la signification sociale propre des faits de natalité et de mortalité (parmi beaucoup d'autres de même espèce) ; de là l'utilité de les étudier à part, après les caractères physiques de l'homme, avant ses démarches morales [1].

Il pourra paraître, après lecture de notre livre, et si on en accepte les conclusions, que la théorie de Quetelet, en aucune de ses parties, qu'on l'applique aux faits biologiques, aux faits de population, aux faits moraux, n'est actuellement soutenable, et que la sociologie scientifique s'inspire de principes opposés aux siens.

1. Comme les données et les vues théoriques présentées par Quetelet sur ce point sont, en somme, assez limitées, nous avons compris dans un même chapitre (chap. III), tout en les distinguant nettement, l'exposé et la critique de Quetelet. Nous avons présenté l'exposé de la théorie de l'homme moyen physique dans le chapitre I, sa critique dans le chapitre II, l'exposé de la théorie de l'homme moyen moral dans le chapitre IV, sa critique dans le chapitre V.

Nous ne voudrions point, cependant, laisser l'impression que son œuvre a été vaine. — Avec lui, sans doute pour la première fois, tout un groupe de savants, préoccupés d'observer les faits sociaux, ont eu le sentiment profond que ces faits, comme les autres, sont soumis à des lois rigoureuses. Dans un milieu intellectuel tout pénétré d'habitudes d'esprit individualistes, avant qu'un contact assez long avec les faits l'eût préparé à comprendre qu'il y a des forces sociales et des faits sociaux *sui generis*, Quetelet devait interpréter les régularités qu'il découvrait en ce domaine comme l'imitation, et la conséquence, des régularités relevées dans le monde physique. Un grand nombre de ses expressions, l'incertitude qui règne dans ses classifications, le relâchement fréquent du lien systématique qui court à travers son œuvre, laissent d'ailleurs supposer qu'il s'est élevé, par intervalles, à une conception plus juste et plus profonde des faits sociaux. — Mais peu importe la forme sous laquelle la science sociale s'est d'abord définie ; l'essentiel était qu'elle se définît, que la conviction s'ancrât, dans les esprits, qu'il existe en ce domaine, comme dans les domaines des autres sciences, un grand nombre de relations nécessaires. Cette conviction a été d'autant plus forte qu'on a pu croire que ces relations étaient, au fond, d'essence mathématique. Il nous semble que les résultats de la recherche sociologique positive conduisent à d'autres conclusions. Mais il ne faut pas oublier que cette recherche elle-même n'a pu être poursuivie comme elle l'a été qu'à la faveur d'un état de l'opinion dont la sociologie est redevable en une large mesure à Quetelet et à ses théories.

CHAPITRE PREMIER

LA THÉORIE DE L'HOMME MOYEN PHYSIQUE

LE CALCUL DES PROBABILITÉS ET LA LOI DE RÉPARTITION DES TAILLES

Ceux qui ont étudié de près la vie et l'œuvre de Quetelet s'accordent à reconnaître que c'est surtout sous l'influence de Laplace et des mathématiciens et statisticiens français de son temps qu'il en vint à appliquer à la détermination de l'homme moyen physique et moral les résultats du calcul des probabilités[1].

1. Dans le chapitre de son livre intitulé : Quetelet in the history of statistics, Hankins rappelle le développement en deux directions différentes de la statistique ; la statistique descriptive, avec Muenster, Conring, Achenwall, von Schölzer, s'occupe d'analyser les éléments de la prospérité des états (Staatskunde) ; l'école d'arithmétique politique, avec Graunt, Petty, Süssmilch, s'appuie surtout sur des données numériques, et applique la méthode inductive. Quetelet donne le même objet à la statistique qu'Achenwal, etc. ; mais c'est lui qui le premier conçoit qu'on peut l'envisager comme une méthode d'observation basée sur des dénombrements : il montre en quoi l'étude des corrélations entre les faits économiques et sociaux éclaire le problème de la prospérité publique. C'est sous l'influence des mathématiciens et statisticiens français qu'il est parvenu à ce point de vue synthétique. — Lottin, après avoir (chapitre II de la IVe partie : l'originalité du système de Quetelet) montré que sa doctrine est indépendante de celles d'Auguste Comte, Süssmilch et Condorcet.

La base de sa doctrine est que, dans les sciences biologiques et sociales, les observations, à mesure qu'elles se multiplient, dégagent des types, c'est-à-dire que les cas observés se répartissent autour d'une moyenne, et que la loi de leur répartition correspond à la loi de répartition des probabilités dont la courbe peut se déterminer par le calcul. C'est donc le mode d'établissement de cette loi des probabilités qu'il nous faut d'abord brièvement examiner[1].

Comment déterminer la probabilité d'un événement? La probabilité, au sens mathématique, est le rapport du nombre des cas favorables au nombre des cas possibles[2]. Si nous supposons que nous tirons des boules d'une urne, et que nous savons que l'urne contient trois fois plus de blanches que de noires, la probabilité de tirer une blanche est de $\frac{3}{4}$, celle de tirer une noire, de $\frac{1}{4}$, et la somme de ces probabilités est l'unité, qui

conclut que la mécanique sociale de Quetelet est « une pure adaptation de la mécanique céleste de Laplace », et expose de ce point de vue toute sa physique sociale (chapitre III).

1. Quetelet publia dès 1828 des *Instructions populaires sur le calcul des probabilités* (Bruxelles); en 1846 des *Lettres à S. A. R. le duc régnant de Saxe-Cobourg et Gotha, sur la théorie des probabilités appliquée aux sciences morales et politiques* (Bruxelles), en 1853 une *Théorie des probabilités* (dans l'Encyclopédie populaire, Bruxelles). Mais c'est dans son essai : *Sur l'appréciation des documents statistiques et en particulier sur l'appréciation des moyennes*, dans le Bulletin de la Commission centrale de statistique (de Belgique), 1845, t. II, p. 205-286, qu'on en trouve l'exposé le plus systématique.

2. Il faut ajouter, dit Borel (*Éléments de la théorie des probabilités*, p. 21-23) : lorsque tous les cas sont regardés comme également probables, en prenant les mots « également probables », dans leur acception vulgaire; exemple : la probabilité qu'un dé de substance homogène qu'on jette montre l'une quelconque de ses six faces.

représente la certitude. Sans doute, si nous ne faisons qu'un petit nombre de tirages, le rapport des boules de chaque couleur tirées de l'urne peut différer plus ou moins du rapport des boules de chaque couleur qui sont dans l'urne. Mais, si nous faisons un grand nombre de tirages, le premier rapport reproduira le second à de petits écarts près, d'autant plus petits que le nombre d'expériences sera plus grand. S'il en était autrement, en effet, il faudrait admettre qu'il y a une cause d'un tel écart constant, et que nous avons donc supposé à tort que tous les cas possibles étaient également probables, (au sens vulgaire)[1].

On peut appeler *probabilité a priori* celle qui se détermine ainsi quand on connaît d'avance les différents cas possibles et leur nombre.

Supposons maintenant que nous ne connaissions ni ces cas, ni leur nombre ; c'est ce qui arrivera si nous ne savons pas le contenu de l'urne. D'après ce que nous venons de dire, par des tirages répétés nous pourrons déterminer d'une manière très approchée le rapport du nombre des blanches au nombre des noires. D'après Quetelet, l'ordre de l'approximation croîtrait à peu près comme la racine carrée du nombre des tirages[2]. C'est ce qu'on peut appeler *probabilité a*

1. « Un jour, à Naples, un homme de la Basilicate, en présence de l'abbé Galiani, agita trois dés dans un cornet et paria d'amener rafle de 6 ; il l'amena sur-le-champ. Cette chance est possible, dit-on. L'homme réussit une seconde fois, et l'on répéta la même chose. Il remit les dés dans le cornet trois, quatre, cinq fois, et toujours rafle de 6. « Sangue di Bacco ! s'écria l'abbé. Ces dés sont pipés ! » et ils l'étaient. » Diderot, cité par Bertrand, *Calcul des probabilités*, p. 142.

2. « La théorie montre que la précision des résultats croît comme la racine carrée du nombre des observations d'où ces résultats sont déduits. Ainsi, toutes choses égales d'ailleurs, la pré-

posteriori. Or tel est le cas qui se présente quand nous interrogeons la nature. Alors, par hypothèse, la probabilité *a priori* n'intervient pas. Car, pour connaître à l'avance tous les résultats possibles d'une expérience, et leurs nombres respectifs, il est nécessaire d'avoir un critérium — d'aucuns diraient de connaître les causes — pour distinguer *a priori* ces différents cas. Ce critérium connu, nous n'aurions que faire du calcul des probabilités *a posteriori*[1]. Il n'en sera plus de même si nous voulons *prévoir*, pour un pays et pour une année déterminée, le rapport du nombre de naissances de garçons aux naissances de filles, par exemple. La nature est alors une urne qui ne nous a pas livré son secret, et nous aurons besoin des statistiques des années précédentes pour obtenir un nombre voisin du rapport inconnu.

Revenons maintenant à l'hypothèse où, le nombre des cas possibles étant limité, ces différents cas sont connus à l'avance (probabilité *a priori*). Imaginons une urne qui contient un nombre égal de boules blanches et de boules noires, et tirons plusieurs boules à la fois, ou plutôt l'une après l'autre en supposant que ce n'est qu'un tirage. Appelons a, a', a''... les noires, b, b', b''... les blanches, les accents indiquant le numéro du tirage.

cision croît comme les nombres 1, 2, 3, 4, etc., quand on calcule la mortalité d'après des décès dont les nombres croissent comme 1, 4, 9, 16, etc. ; ou bien encore d'après les décès d'une série d'années désignées par les nombres 1, 4, 9, 16, etc. On suppose que chaque année amène sensiblement le même nombre de décès. » *De l'appréciation*, etc., p. 209.

1. Pour savoir dans quel sens un courant électrique va faire tourner une boussole, nous n'avons pas besoin de multiplier les expériences et de faire une statistique : la règle d'Ampère nous donne immédiatement la solution, si nous savons le sens du courant, et si nous avons distingué les pôles de la boussole.

Si nous faisons seulement deux tirages, nous pourrons avoir : si la 1re tirée est noire, aa' ou ab' — si la 1re tirée est blanche, ba' ou bb'. Les cas possibles seraient donc représentés par les termes du produit symbolique :

$$(a + b)(a' + b') = aa' + ba' + ab' + bb'.$$

Si nous ne distinguons plus l'ordre du tirage, il nous faudra faire $a = a'$, $b = b'$, et les cas possibles seraient représentés par les termes du développement de :

$$(a + b)(a + b) = (a + b)^2 = a^2 + 2\,ab + b^2.$$

Il n'y aura plus que 3 cas distincts, et leurs probabilités seront entre elles comme

$$1, \quad 2, \quad 1.$$

La somme de ces probabilités étant 1, la règle du partage en parties proportionnelles donne la valeur de chacune d'elles :

$$\frac{1}{1+2+1} = \frac{1}{4} \qquad \frac{2}{1+2+1} = \frac{2}{4} \qquad \frac{1}{1+2+1} = \frac{1}{4}$$

Si on avait tiré de même 3 boules, nous aurions eu comme cas possibles les termes du développement de :

$$(a + b)(a' + b')(a'' + b'') = aa'a'' + aa'b'' + ab'a'' + ab'b'' + a' \ldots + bb'b''$$

et, en ne distinguant pas l'ordre des tirages, les termes de :

$$(a + b)^3 = a^3 + 3\,a^2b + 3\,ab^2 + b^3.$$

Il y a $1 + 3 + 3 + 1 = (1 + 1)^3 = 2^3$ cas possibles et seulement 4 cas distincts. Leurs probabilités sont :

$$\frac{1}{2^3}, \qquad \frac{3}{2^3}, \qquad \frac{3}{2^3}, \qquad \frac{1}{2^3}$$

et ainsi de suite. Pour 4, 5... tirages on a comme cas possibles les termes des développements de $(a+b)^4$, $(a+b)^5$, etc., et les probabilités des cas distincts sont les coefficients numériques de ces développements divisés par $2^4=16$, $2^5=32$, etc. Ces coefficients numériques sont connus depuis longtemps. Newton en a donné une expression algébrique, mais avant lui Pascal avait indiqué un moyen méthodique de les former, connu encore sous le nom de triangle de Pascal[1].

Boules tirées.									Cas possibles.	Cas distincts.
—									—	—
1	1	1							2	2
2	1	2	1						4	3
3	1	3	3	1					8	4
4	1	4	6	4	1				16	5
5	1	5	10	10	5	1			32	6
6	1	6	15	20	15	6	1		64	7
7	1	7	21	35	35	21	7	1	128	8

Il y a donc dans chaque cas (auquel correspond une ligne) une répartition parfaitement symétrique des probabilités de part et d'autre de la combinaison (ou des combinaisons) la plus probable[2].

1. On inscrit sur une première ligne le nombre 1 répété deux fois ; puis on calcule chaque nombre à inscrire dans les lignes suivantes en ajoutant au nombre inscrit immédiatement au-dessus de lui le nombre inscrit à la gauche de celui auquel on l'ajoute, en supposant les lignes prolongées à droite et à gauche par des zéros.

2. Quetelet voulut vérifier la théorie par l'expérience. En tirant une boule à la fois (et en remettant la boule tirée dans l'urne après chaque tirage), il fit successivement 4, 16, 64, 256, 1.024, 4.096 tirages. D'après la théorie, il aurait dû extraire successivement, 2, 8, 32, 128, 512, 2.048 blanches, et autant de noires : il tira 1, 8, 28, 125, 528, 2.066 blanches. Plus les observations ont été nombreuses, moins l'écart a été grand. Il tira ensuite, 2, 3,

Nous ne nous sommes pas inquiétés du nombre des boules qui se trouvent dans l'urne : supposons-le très grand [1], et supposons aussi que nous tirions un nombre de plus en plus grand de boules [2]. Que deviennent les résultats précédents ? Le nombre des cas distincts augmente : il est d'ailleurs égal au nombre de boules tirées augmenté d'une unité. Mais les probabilités de chaque cas n'augmentent pas de même, et les cas extrêmes ont des probabilités très rapidement décroissantes. Ainsi, pour 999 tirages, le nombre des cas possibles (2^{1000}) aurait plus de 300 chiffres dans le système décimal. La probabilité de tirer 999 noires s'exprimerait par un nombre décimal qui aurait au moins 300 zéros après la virgule. C'est dire que ce cas serait pratiquement irréalisable. Les combinaisons de plus de 579 boules d'une couleur et de moins de 420 boules d'une autre auraient encore une probabilité de moins de un dix-millionième. Pour 549 boules et 450, ou pour un écart

jusqu'à 7 boules à la fois. *Sur l'appréciation des documents statistiques*, p. 236 sq.

1. Même quand le nombre des chances (ou probabilités) est limité, c'est-à-dire quand on ne tire qu'un nombre limité de boules à la fois, « j'admettrai, dit Quetelet, que le nombre des boules (dans l'urne) est infini, de sorte qu'il est indifférent de remettre ou de ne pas remettre dans l'urne la boule déjà tirée ». *Sur l'appréciation*, etc., p. 233.

2. « Quand on interroge la nature, le nombre des chances s'offre généralement à nous comme illimité, c'est-à-dire qu'il faut concevoir que chaque groupe qui sort de l'urne devrait se composer d'un nombre infini de boules, et que par conséquent le nombre des groupes devrait être également infini, et offrir les boules blanches et noires dans toutes les combinaisons imaginables. Je commencerai par calculer une échelle de possibilité dans l'hypothèse où on tirerait à la fois un grand nombre de boules, et je ferai voir ensuite que cette échelle est applicable dans tous les cas, même dans celui où le nombre des chances est illimité. » *Ibid.*, p. 243.

moindre, la probabilité devient supérieure à un millième[1].

En conséquence, Quetelet s'est contenté de donner le tableau des probabilités pour les combinaisons comprises entre la plus probable (499 pour 500) et celle qui a été citée précédemment (420 pour 579). En plus des probabilités proprement dites, il indique la somme des probabilités depuis la plus probable jusqu'à la probabilité considérée, ce qui donne la chance pour qu'une combinaison soit comprise entre l'une et l'autre. Il indique enfin la probabilité relative de chaque combinaison par rapport à la plus probable. L'avant-dernière échelle est dite l'échelle de précision, la dernière celle de probabilité. C'est la seule que nous considérerons par la suite.

On peut représenter graphiquement l'échelle des probabilités. Pour représenter un cas, nous porterons sur une droite Ox à partir de O une longueur OM proportionnelle à l'excès des boules d'une couleur sur les boules de l'autre couleur, à droite si l'excès est en boules noires, à gauche s'il est en boules blanches. Sur la perpendiculaire en M on portera une longueur égale à la probabilité relative. On pourra joindre tous les points ainsi obtenus par une ligne brisée[2], on aura une série de trapèzes ayant tous même largeur, et formant une figure symétrique par rapport à la perpendiculaire en O. Si l'on fait croître le nombre des cas[3], tout en diminuant la largeur des trapèzes (c'est-à-

1. Hankins, p. 112-113.

2. Ce graphique est reproduit à la fin de l'étude de Quetelet, *Sur l'appréciation*, etc.

3. « Pour rentrer maintenant dans les circonstances que nous présente la nature, il faut concevoir que les événements varient

dire la longueur qui représente un excès de 2 unités), on pourra s'arranger de façon à ce que le polygone précédent se rapproche indéfiniment d'une courbe, qui représenterait, pour ainsi dire, l'échelle des probabilités pour un nombre infini de cas[1]. Pour rappeler sa génération à partir du développement du binôme, Quetelet l'appelle souvent la courbe binomiale[2].

Comment, maintenant, appliquer ces résultats aux sciences expérimentales et à l'étude de la nature en général ? En effet, ces calculs n'ont pas un simple intérêt théorique. Ce qui le prouve, c'est que, dès qu'on observe les faits, on est bien obligé de les faire intervenir. Il est remarquable que la répartition des erreurs d'observation autour de la moyenne se trouve conforme à la loi des probabilités. — Proposons-nous d'abord de compter les objets d'une collection en très grand nombre. Le nombre exact sera, par exemple, N. Mais nous pouvons nous tromper, et plus l'opération sera compliquée (elle le sera, en particulier, si les

par des nuances infinies et imperceptibles, par des chances qu'il serait impossible de compter. On devrait, dans notre échelle de possibilité, partager l'espace AB non pas en 1.000 parties égales, mais en un nombre infini de parties égales, exprimant toutes les combinaisons imaginables que peuvent prendre entre elles un nombre infini de boules blanches et noires. Dans ce cas, l'échelle de possibilité, au lieu d'être discontinue, suivrait la loi de continuité et se transformerait en courbe, la courbe des possibilités. » *Ibid.*, p. 249.

1. Pour qu'il en soit ainsi il suffit (et cela est, jusqu'à un certain point, nécessaire) de prendre pour largeur commune des rectangles l'inverse de la racine carrée du nombre des tirages, quelle que soit l'échelle adoptée.

2. On la retrouve dans d'autres questions de la théorie des probabilités, et par des méthodes diverses. Elle est connue sous un grand nombre de noms : courbe en cloche, courbe des erreurs, chapeau de gendarme.

objets de la collection sont très peu séparables), plus les causes d'erreur seront multiples. Supposons, ainsi que le fait Quetelet, que les causes d'erreur soient distinctes, indépendantes l'une de l'autre, et aient respectivement chacune pour effet soit de nous faire oublier un objet, soit de nous en faire compter un de plus. Nous supposerons en outre autant de causes d'erreur en plus que d'erreur en moins. Mais alors ces causes d'erreur seront comme les boules blanches et noires d'une urne, et, quand nous effectuerons une mesure, tout reviendra à faire un tirage d'un grand nombre — inconnu — de boules. Si les erreurs se compensent, c'est-à-dire si les erreurs des deux sens sont en même nombre, nous trouverons N. Sinon nous trouverons un nombre plus grand ou plus petit. Mais si nous ajoutons foi au raisonnement et à l'analogie qui vient d'être établie, les probabilités pour trouver un nombre $N \pm h$ devront se répartir suivant la loi indiquée, c'est-à-dire à peu près suivant une courbe binomiale. Nous disons à peu près, car d'une part ces probabilités ne pourront être déterminées qu'*a posteriori*, par exemple en dénombrant le nombre d'expériences qui, sur 1.000, ont donné le nombre $N \pm h$; d'autre part le nombre des causes d'erreurs n'est pas infini, mais seulement très grand (inférieur notamment au nombre N) : donc on ne doit pas avoir tout à fait la courbe binomiale, mais seulement un des polygones l'approchant, sans qu'on puisse savoir lequel.

Il nous est facile de passer de ce cas à celui de la mesure d'une grandeur continue (longueur, temps). Les causes d'erreur seront alors en nombre infini, chacune d'elles ayant un effet infiniment petit. Nous sommes tout à fait dans le cas d'application de la courbe binomiale elle-même. Mais cette fois s'introduit une nouvelle donnée. Il n'est plus intéressant en effet de savoir la probabilité qu'il y a de trouver un nombre déterminé, car, les résultats des mesures pouvant avoir dans ce cas des variations infiniment petites, on n'obtiendra pas, selon toute probabilité, deux fois le même résultat, quelque grand que soit le nombre des mesures. Ce qui importe est donc plutôt la probabilité pour que le résultat soit compris entre deux nombres déterminés. Ceci nous sera donné par l'*aire comprise* entre la courbe et les perpendiculaires à la droite Ox menées par les points qui correspondent aux deux nombres [1].

Ainsi, on est conduit par le raisonnement à une loi de la répartition des erreurs d'observation qui a été exprimée ainsi par Herschell [2] : si l'on prend un nombre excessivement grand de mesures d'une grandeur donnée (toutes choses supposées égales), non seulement le nombre des petites erreurs l'emportera beaucoup sur celui des grandes, mais les résultats se grouperont

1. Quetelet remarque, à ce propos, que l'échelle des possibilités qu'il a établie, qui est discontinue, est d'un usage plus commode, et présente tout autant d'exactitude pour les calculs que la « courbe des possibilités. Dans toutes nos observations, nous sommes constamment forcés de substituer la considération de la discontinuité à ce qui est continu dans la nature ». *Sur l'appréciation,* etc., p. 249.

2. Herschell (John F. W.) arrive, par un raisonnement différent. à cette formule : la probabilité dont il s'agit décroît en progression géométrique, lorsque le carré de l'erreur croît en progression arithmétique. Ce n'est rien d'autre que la loi trouvée par Quetelet. et qui se représente par la courbe binomiale. *Sur la théorie des probabilités et ses applications aux sciences physiques et sociales.* Article paru dans la Revue d'Edinburgh. en juillet 1850, à propos des *Lettres à S. A. R. le duc* etc., de Quetelet, et mis par Quetelet comme introduction en tête de sa *Physique sociale,* t. I, p. 30 et suiv.

d'eux-mêmes autour de la moyenne générale suivant une loi numérique invariable, et cela avec d'autant plus de précision que le nombre total des déterminations sera plus grand[1].

Mais un tel raisonnement repose-t-il réellement sur des bases solides? Remarquons qu'il implique beaucoup de suppositions touchant la nature, le nombre et la proportion des causes d'erreurs. Il est dès lors très curieux de constater que l'expérience est d'accord avec les résultats établis ainsi théoriquement. Quetelet, étudiant 487 déterminations de l'ascension droite de la polaire, concluait : « les groupes voisins de la moyenne, soit en plus, soit en moins, renfermeront des nombres beaucoup plus grands que ceux des groupes suivants, qui deviendront d'autant plus faibles qu'ils s'écarteront davantage de la moyenne[2] ». Et il remarquait : « N'est-il pas merveilleux que des erreurs que l'on fait accidentellement se rangent dans un ordre aussi parfait, et que des maladresses procèdent à notre insu avec une symétrie qui semble être le résultat des combinaisons les mieux raisonnées ?»[3]

Telle étant la loi des erreurs accidentelles d'observation, on comprend l'importance que Quetelet a attribuée à l'observation suivante. Supposons que tous les hommes de vingt ans d'un même pays soient couchés sur l'horizontale CA dans le même sens, les

1. Ce n'est là qu'une précision de la loi des grands nombres de Bernouilli et Poisson. Tout cela, bien entendu, n'est vrai que si les erreurs des deux sens sont en nombre égal; s'il n'en était pas ainsi, le rapport des boules des deux couleurs ne serait plus un; on pourrait encore construire des polygones, et une courbe binomiale, mais elle ne serait plus symétrique.

2. *Sur l'appréciation*, etc., p. 250.

3. *Lettres*, etc., p. 116.

pieds en C, les têtes des plus grands en A, des plus petits en B. Qu'on élève en chaque point, de B en A, des verticales ou ordonnées égales en hauteur au nombre des têtes qui viennent s'appuyer en chacun de ces points. Les extrémités supérieures de ces droites seront sur une courbe régulière, et symétrique par rapport à la perpendiculaire au milieu de B A. Or cette courbe est celle que nous avons vu employer, dans le calcul des probabilités, pour représenter la répartition des erreurs d'observation accidentelles. — Il semble donc qu'on puisse considérer l'homme moyen comme un type, et la différence entre ce type et les hommes comme des erreurs accidentelles commises dans sa réalisation, et qui se répartissent suivant la loi ordinaire des probabilités[1].

C'est surtout dans son essai : *Sur l'appréciation des documents statistiques*, etc., qu'il définit de cette façon le type, et indique précisément la loi de répartition des tailles[2].

Il semble y avoir été conduit par l'expérience.

1. « On peut se demander s'il existe dans un peuple un homme type, un homme qui représente ce peuple par la taille, et par rapport auquel tous les hommes de la même nation devraient être considérés comme offrant des écarts plus ou moins grands. Les nombres qu'on aurait en mesurant ces derniers se grouperaient autour de la moyenne de la même manière que ceux qu'on obtiendrait si le même homme type avait été mesuré un grand nombre de fois avec des moyens plus ou moins grossiers. » *Sur l'appréciation*, etc., p. 250.

2. Dans son mémoire : *Recherches sur la loi de croissance de l'homme* (Nouv. Mém., t. VII, 1832), il établit la loi de croissance pour l'homme moyen, mais il ne dit pas comment les hauteurs de toutes les personnes d'âge et de sexe donné se répartissent autour de la moyenne. Dans le mémoire : *Recherches sur le poids de l'homme aux différents âges* (Nouv. Mém., t. VII, 1832), il étudie le rapport de la taille au poids pour chaque âge,

Il montre d'abord comment 8.192 mesures de la taille d'une même personne se répartissent autour de la moyenne conformément à l'échelle des probabilités. Il étudie ensuite comment se distribuent les mesures du tour de poitrine de 5.738 soldats écossais et les hauteurs de 100.000 conscrits français [1]. Les résultats s'accordent avec la loi des probabilités à très peu près. Dans le cas des conscrits français, une irrégularité de la courbe est pour lui la preuve d'une fraude [2].

Dans les *Lettres sur la théorie des probabilités* (1846), il suppose qu'on mesure la circonférence de poitrine du Gladiateur de l'antiquité, puis qu'on charge un millier de statuaires de le copier avec tout le soin imaginable. Les causes d'erreur sont plus grandes dans ce cas que dans le précédent. Mais « si les copistes n'ont pas travaillé avec des idées préconçues, en exagérant ou en diminuant certaines pro-

sans préciser la notion générale d'homme moyen. Dans le *Sur l'homme* (1835), il le considère simplement comme la moyenne entre deux limites. (Hankins, p. 62 sqq.)

1. Les mesures sur lesquelles il s'appuie sont prises : 1° dans le 13° volume de *The Edinburgh medical and surgical Journal*, p. 261 ; 2° dans les *Recherches et considérations sur la formation et le recrutement de l'armée en France*, par M. Hargenvilliers.

2. Il croit même pouvoir en déterminer le montant. « Les documents officiels comptent 28.620 hommes sur 100.000 qui tombent au-dessous de 1m,57, et le calcul n'en donne que 26.345. N'est-il pas à présumer que les 2.275 hommes qui font la différence ont été réformés frauduleusement ? » (*Lettres*, etc., p. 145). Plus tard il s'appuiera encore sur les mesures, effectuées en 1865, de 25.878 volontaires américains. Il compare le résultat des observations et celui du calcul. De fait, les divergences sont très faibles. Voici la série des nombres, représentant la proportion des volontaires, pour 1.000, compris dans les catégories de hauteurs les plus importants : 117, 134, 157, 140, 121 ; et voilà les nombres calculés : 107, 137, 153, 146, 121. *Physique sociale*, t. I, p. 131.

portions d'après des préjugés d'école, et si leurs inexactitudes ne sont qu'accidentelles », les mille mesures se répartiront conformément à la loi de probabilité. A l'objection qu'on ne fera pas l'expérience, Quetelet répond qu'elle a été faite, que l'on a mesuré plus d'un millier de copies d'une statue qui n'était pas, peut-être, celle du Gladiateur, mais qui en tout cas s'en éloignait peu. « Ces copies étaient même vivantes... J'ajouterai qu'elles ont pu se déformer par une foule de causes accidentelles. » Il fait allusion à la mesure des poitrines des soldats écossais. « Les choses se passent absolument comme si les poitrines avaient été modelées sur un même type, sur un même individu, idéal si l'on veut, mais dont nous pouvons saisir les proportions par une expérience suffisamment prolongée. » Si, au lieu de s'en tenir aux Ecossais, on prend les hommes de toute une nation, le principe se vérifiera encore. Le seul effet de cette extension sera de reculer les limites des variations. Ainsi, dans le cas des Ecossais, l'erreur probable n'était pas de 1 pouce. Dans le cas des 100.000 conscrits français, l'erreur probable était de 2 pouces. Si l'on veut les comparer à des copies d'un même type, il faut donc supposer une personne très inhabile, qui manierait des instruments de mesure très imparfaits.

Envisagés de ce point de vue, les géants et les nains ne nous paraîtront plus des anomalies ou des monstruosités. Que, dans un pays qui compte peu d'habitants, la présence d'un nain d'une extrême petitesse surprenne, qu'on voie là une difformité, cela s'explique par le petit nombre de cas que l'on compare. A mesure que le nombre des cas augmente, que l'observation s'étend à plus de pays et d'époques, les grandeurs intermédiaires entre les tailles de ces nains et de ces géants et la hauteur moyenne se multiplient, la courbe devient plus régulière[1].

Ainsi Quetelet, bien qu'il reconnût que « la taille moyenne varie d'un peuple à l'autre, et quelquefois même dans les limites d'un seul pays, où deux peuples d'origine différente peuvent se trouver confondus[2], était conduit à envisager comment les tailles se répartissent autour d'un type dans l'humanité tout entière. Sur ce point, au reste, on trouve chez lui des affirmations bien hardies. « L'homme moyen, dit-il, pris pour les différentes régions de la terre, pourrait être considéré comme un simple individu ; et la moyenne de toutes les tailles particulières formerait la taille type de l'homme dans sa plus large acception »[3]. De 1846 à 1852, nous dit Lottin, Quetelet avait mesuré quelques Indiens et quelques Chinois. Il s'était étonné

1. Quetelet distingue trois espèces de limites. Les limites de l'erreur probable en plus ou en moins sont l'écart de la moyenne qui est dépassé aussi souvent qu'il ne l'est pas: entre ces deux limites sont donc comprises la moitié des observations, et entre chacune d'elles et la moyenne, le quart. — Les limites ordinaires, en plus ou en moins, peuvent s'étendre de chaque côté de la moyenne jusqu'à la probabilité 0,499.999, « en sorte que, sur 10 millions de cas, 2 seulement devraient être considérés comme extraordinaires, l'un en plus, l'autre en moins. En France, par exemple, quant à la taille, on regarderait comme géants les trois ou quatre hommes les plus grands que renferme le royaume, et comme nains les trois ou quatre plus petits, en les supposant régulièrement conformés. » *Sur l'appréciation*, etc., p. 263. Bien qu'il la considère comme une quantité « très importante », il ne semble pas, dit Hankins (p. 125), s'en être servi. — Les limites extraordinaires sont difficiles à déterminer. Ce qu'on peut admettre, c'est qu' « elles s'étendraient au delà des plus grandes et des plus petites tailles observées parmi les hommes ».

2. *Lettres*, p. 142.

3. *Du système social* (1848), p. 29.

de la ressemblance de ces races avec le type belge, quant aux proportions du corps. Il n'hésitait pas à conclure qu' « une des plus curieuses applications (de la théorie des probabilités aux phénomènes relatifs à l'homme) est la démonstration directe de l'unité de l'espèce humaine, et de la possibilité d'en assigner le type[1] ». Il reconnaît d'ailleurs que bien des causes ont dû déterminer des écarts du type primitif : mais elle n'ont pas altéré le type même. Les différences, suivant lui, ne sont pas essentielles : il y a des lois conservatrices, dont le jeu peut être caché ou obscurci par bien des accidents, mais « qu'il n'est pas donné à l'homme de pouvoir enfreindre ».

C'était poser la question de la subsistance invariable du type humain à travers le temps. Hankins a bien montré que les idées de Quetelet sur ce point se laissent difficilement concilier. « Tantôt il déclare que l'homme moyen varie de pays à pays, qu'il n'est pas le même à la ville et à la campagne, ni dans des milieux et dans des conditions sociales différentes : il est toujours déterminé par le temps et le lieu[2]. Mais ailleurs il dit qu'il croit que les propriétés physiques de l'homme n'ont pas varié depuis les temps les plus reculés. Il soutient que les plantes et les animaux, assujettis aux lois immuables de la nature, ont « un « type qui ne s'altère pas ». Le type de l'arbre est resté le même pour l'olivier, depuis le temps de Codrus ; la forme et le nombre de ses feuilles n'ont pas changé. Pour les plantes et les animaux, non seulement la

1. *Théorie des probabilités*, Bruxelles, 1853, p. 72-75. Cité par Lottin, p. 524.

2. *Lettres*, p. 96 ; *Du système social*, p. 14 sqq. ; *Sur l'homme*, livre IV, chap. I, 93 : *Physique sociale*, vol. II, p. 391.

moyenne est restée la même, mais encore les limites des variations n'ont point changé[1]. »

Ce qui augmente la confusion, c'est que, d'après Quetelet, l'homme a été capable au cours des âges non seulement d' « élever ses moyennes », mais encore de resserrer les limites de ses variations, grâce au progrès de la science. Bien que, dans son *Système social,* il déclare que « la hauteur moyenne d'un homme est un élément qui n'a rien d'accidentel, mais est le produit de causes fixes qui lui assignent une valeur déterminée », quelques pages plus loin il écrit : « les professions, la richesse, le climat peuvent faire varier le développement de la taille chez les différents peuples. La nature et l'homme travaillent ensemble à produire ces changements. J'ai distingué ces deux espèces d'actions en les désignant des noms de forces naturelles, et forces perturbatives. Les premières ont un caractère de fixité et de permanence qui n'appartient pas aux secondes. Celles-ci agissent comme des causes accidentelles[2] ».

1. *Du système social,* p. 252-257; *Physique sociale,* vol. II, p. 392.

2. *Du Système social,* p. 17 et p. 21 sqq. Cité par Hankins, p. 80 sq. Hankins remarque fort justement que « si l'action de l'homme est seulement perturbatrice, et par suite accidentelle, elle ne peut changer la moyenne ». Le résultat de l'action humaine serait donc surtout de rendre de plus en plus rares les cas extrêmes. Mais la moyenne demeurerait la même à travers le temps. Lorsqu'il s'agit des erreurs d'observation, le sommet de la courbe qui exprime leur répartition est d'autant plus élevé, et leurs deux branches symétriques se rapprochent d'autant plus de l'axe que les observations sont précises. De même la courbe qui exprime la répartition des hommes autour de la moyenne, si on mesure une de leurs propriétés physiques, sera d'autant plus « contractée » que les cas extrêmes, de façon ou d'autre, seront devenus moins nombreux. (*Lettres*, etc., p. 80.)

Pour comprendre le sens de cette distinction, il faut connaître la classification des causes qui a été présentée par Quetelet[1]. Il croit qu'il y a trois sortes de causes : « les *causes constantes* sont celles qui agissent d'une manière continue, avec la même intensité, et dans le même sens. Les *causes variables* agissent d'une manière continue, avec des énergies et des tendances qui changent, soit d'après des lois déterminées, soit sans aucune loi apparente. Parmi les causes variables, il importe surtout de remarquer celles qui ont un caractère de périodicité comme les saisons. Les *causes accidentelles* ne se manifestent que fortuitement, et agissent indifféremment dans l'un ou l'autre sens[2]. »

Quel est exactement le sens de chacun de ces termes ? Quetelet a proposé l'exemple suivant : voici des mesures prises de la taille d'un homme. Quelles

1. « L'idée métaphysique de la causation, dit Herschell dans l'article reproduit par Quetelet en tête de sa *Physique sociale* (1869, t. I, p. 6 sqq) n'entre pas dans le système délicat et raffiné du raisonnement mathématique généralement connu aujourd'hui sous le nom de calcul des probabilités. Le terme de cause est employé dans ces recherches sans aucune référence à une force supposée capable de produire un résultat donné en vertu d'une activité qui lui serait inhérente. Il ne fait qu'exprimer l'occasion pour ce résultat de se produire plus ou moins fréquemment... » Bertrand dit, ce qui revient à peu près au même : « Les causes sont pour nous des accidents qui ont accompagné ou précédé un événement observé. Le mot n'implique pas qu'au sens philosophique l'événement soit un effet produit par une cause » (*loc. cit.*, p. 142). Textes cités par Lottin, p. 231 sqq.

2. *Sur l'appréciation*, etc., p. 207 ; *Sur l'homme*, livre IV, ch. II ; *Lettres*, etc., p. 107 et 159. « Dans ma *Physique sociale*, dit-il, j'ai partagé les causes influentes, sous un autre point de vue, en deux grandes classes, les causes naturelles et les causes perturbatrices ; j'y avais égard à leur origine, il s'agit ici plutôt de leur mode d'action. » (*Sur l'appréciation*, etc., p. 207, note.)

sont les causes d'erreur concevables? S'il a une tendance continue à s'allonger de même chaque fois qu'on le mesure, cette tendance sera dite une cause constante d'erreur. Si cette tendance est inégale pendant la durée des mensurations, elle sera dite une cause variable d'erreur. Cette variation peut d'ailleurs être irrégulière, ou régulière : dans ce dernier cas, elle peut être régulière autour d'un état moyen (l'homme tendra tantôt à allonger, et tantôt à diminuer sa taille), ou, encore, périodique (le matin, l'homme est un peu plus grand que le soir). Si, maintenant, on suppose le sujet absolument immobile, celui qui mesure ne pourra pas échapper à toutes sortes de causes d'erreurs [1], inattention, hasards d'observation, etc., qui sont des causes accidentelles.

Cette théorie paraît avoir embarrassé les commentateurs de Quetelet [2]. Hankins, qui se place à un point de vue déterministe et évolutioniste, se demande s'il y a réellement des causes constantes, et reproche à Quetelet de les distinguer des causes variables. Quetelet a rangé au nombre des causes constantes le sexe, l'âge, la profession, les saisons, la latitude, les institutions économiques et religieuses. Il est permis de

1. La règle ne s'appuiera pas toujours horizontalement sur le sommet de la tête, elle n'appuiera pas toujours également fort, ni toujours sur le même point; les cheveux se dérangeront, et formeront une épaisseur qui ne sera pas constamment la même; le coup d'œil ne sera pas également juste, ni les lectures également sûres. *Lettres*, p. 164. Cité par Lottin.

2. Nous n'abordons pas en ce moment, ni dans ce chapitre, la discussion critique de cette théorie, mais nous nous efforçons seulement d'en préciser le sens. Plusieurs interprétations en ayant été proposées, nous rappelons, pour les mieux comprendre, les objections adressées à la théorie ainsi entendue. Mais notre objet, ici, n'est que d'*exposer*.

douter, dit-il, qu'aucune de ces causes soit réellement constante. Comment s'apercevoir, d'ailleurs, qu'elle ne varie pas ? Plus on multiplie les observations, plus on fait ressortir l'influence des causes dont l'action est le plus générale, influence qui s'exprime dans la moyenne. Puisque le caractère d'une cause variable se découvre à ce que ses résultats s'écartent de la moyenne, il n'y a que les causes qui s'expriment dans la moyenne dont on ne puisse dire si elles sont, ou non, variables. Quetelet range les saisons tantôt parmi les causes constantes, tantôt parmi les causes variables. Mais si les phénomènes se modifient quand nous passons d'une saison à l'autre, n'en est-il pas de même quand on passe d'un âge, d'un sexe, d'une profession, d'une latitude à l'autre ? En fait toutes les causes des phénomènes sociaux et organiques, envisagés comme phénomènes de masse, sont plus ou moins variables[1].

Il serait sans doute plus exact, du point de vue même de Quetelet, de rapprocher les causes variables des causes accidentelles. C'est ce qui semble résulter du texte suivant de Quetelet, où la contradiction n'est qu'apparente : « Les petites variations qui altèrent une cause et qui ne s'exercent que dans des limites très étroites peuvent être regardées comme des effets de causes accidentelles ajoutées aux autres causes accidentelles qui, déjà, pouvaient influer sur le résultat final. De sorte qu'en définitive, la cause variable peut être considérée comme constante, et les causes acci-

1. Hankins, p. 129-130. Lottin dit aussi, mais en se plaçant à un autre point de vue : « la simple constatation des résultats de l'expérience ne me permet pas de distinguer les causes variables des causes constantes », p. 249.

dentelles, devenues plus nombreuses et plus variées, font osciller le résultat cherché entre des limites d'erreur plus larges[1]. » En d'autres termes, si nous nous reportons à l'exemple donné par Quetelet, une taille qui a une tendance à varier inégalement pendant qu'on la mesure plusieurs fois est sans doute une cause variable (d'erreur) ; mais on peut la décomposer en une cause constante (du résultat des mesures), la taille, qui est toujours une même grandeur, plus des causes accidentelles (celles qui expliquent ses petites variations), qui s'ajoutent aux autres causes accidentelles, imputables à l'observateur, et n'en diffèrent qu'en ce qu'elles exigent, pour s'éliminer, un plus grand nombre de mesures. C'est ainsi que, lorsqu'on tire des boules d'une urne, les causes accidentelles sont celles qui « font que l'ordre dans le tirage est plus ou moins régulier, s'écarte plus ou moins de l'ordre calculé... On conçoit, en effet, que les boules peuvent être mêlées d'une infinité de manières ».[2] Supposons, maintenant, qu'au cours des tirages, en remettant chaque fois la boule qu'on a tirée, on néglige d'agiter et de faire le mélange, et que cette négligence se prolonge : les chances peu à peu deviendront inégales, certaines boules sortiront plus souvent que les autres. Voilà un exemple de cause variable, soit le changement momentané du rapport des boules prêtes à sortir. Mais on peut le décomposer en une cause constante, le rapport du nombre total des boules noires au nombre total des boules blanches, et des causes accidentelles, savoir les négligences qui paraissent modifier ce rapport : elles sont acciden-

1. *Lettres*, etc., p. 213-214.
2. *Lettres*, p. 160.

telles, c'est-à-dire que leurs effets se détruiront au terme[1].

En somme (et sauf, nous le verrons, en ce qui concerne le développement de nos connaissances scientifiques, et le pouvoir qu'elles nous donnent de modifier la nature, même la nôtre), Quetelet a cru qu'il y avait dans la nature des types déterminés et immuables[2]. Les différences de climat, de milieu, d'habitudes et d'institutions peuvent sans doute les modifier, leur imprimer de nouveaux traits définis : mais ce ne sont là que des « causes variables » d'écart du type, qui agissent en des sens opposés, et ne peuvent modifier le résultat final de l'opération de la nature, savoir la conservation du type[3]. Toutefois, cette définition des causes variables est relative : pour chaque pays, pour chaque climat, pour chaque époque, pour chaque âge, il y a en effet des types, également immuables, ou qui ne varient que d'une façon très insensible. Ce qui est cause variable dans un groupe étendu devient donc cause constante dans un groupe plus resserré[4]. Quant

1. « Pour prolongé que soit le désordre, il est embrassé lui-même dans la loi des grands nombres ; certaines boules sont dessus, vous les verrez dessous un autre jour ; l'homme peu soigneux à faire le mélange aura un successeur plus consciencieux, ou dont la négligence, qu'il faut prévoir, profitera à des combinaisons nouvelles ; tout, à la longue, se compensera. » Bertrand, *loc. cit.*, XXXI, à propos de la loi des grands nombres de Poisson.

2. Hankins, p. 82.

3. « Les causes variables ne se distinguent point, en tout cas, des causes accidentelles, en ce qu'elles manifesteraient, celles-là l'action des lois naturelles, celles-ci l'intervention du hasard. Les causes accidentelles sont elles-mêmes des résultats nécessaires de leurs antécédents, mais sont appelées accidentelles parce que nous ne pouvons pas désigner ces antécédents. » *Du Système social*, p. 305-306. Cité par Hankins, p. 129.

4. Hankins, p. 132.

aux causes accidentelles, leur définition ne peut être aussi que relative : seront dites causes accidentelles dans un ensemble d'observations celles qui s'annulent (ou tendent à s'annuler) pour laisser apparaître l'action de celles qui ne s'annulent pas : on conçoit que le climat et les institutions, si on considère toute l'humanité et toute l'histoire, peuvent rentrer alors dans la catégorie des causes accidentelles : il n'en serait plus ainsi, si on s'en tenait à une période, ou à un pays.

Mais le type lui-même, s'il est défini par rapport aux accidents, n'est-il pas, lui aussi, relatif ? On a souvent cité cette phrase de Quetelet : « L'homme que je considère ici [l'homme moyen] est dans la société l'analogue du centre de gravité dans les corps. Il est la moyenne autour de laquelle oscillent les éléments sociaux. Ce sera, si l'on veut, un être fictif pour qui toutes les choses se passeront conformément aux résultats moyens obtenus pour la société »[1]. Bien que cette moyenne désigne un être fictif, Quetelet tient à la distinguer de la moyenne arithmétique qui exprime non pas une réalité, mais le résultat d'un calcul. En prenant une moyenne on peut en effet avoir en vue deux objets bien différents. On peut chercher à déterminer « un nombre qui existe véritablement », ou bien à calculer un nombre qui donne l'idée la plus approchée de plusieurs quantités différentes, homogènes, mais de grandeur variable. On se trouve dans le premier cas, lorsqu'on mesure la hauteur d'un édifice vingt fois de suite : c'est là calculer une véritable moyenne. On est dans le second cas, quand on calcule la hauteur moyenne des maisons qui se trouvent dans

1. *Recherches sur la loi de croissance de l'homme* (1831), *Nouv. Mém.*, t. VII, 1832.

une rue déterminée : c'est une moyenne arithmétique. Entre les divers nombres qui donnent la moyenne proprement dite, il existe une continuité et, dans leur série, une régularité qui ne se découvre pas dans ceux d'où on tire la moyenne arithmétique[1]. Le type de l'homme moyen s'exprime dans une moyenne proprement dite.

Sur ce point encore, on a beaucoup discuté depuis Quetelet[2]. Dès le moment où il admettait que les hommes se répartissent très régulièrement, quant à leur taille, autour d'une moyenne, que le type fût fictif ou non, il était fondé à distinguer une telle moyenne de toutes celles autour desquelles les observations d'où elles sont tirées se répartissent irrégulièrement.

1. « En supposant qu'on ait mesuré le Drachenfels un nombre de fois assez grand pour qu'on soit autorisé à croire que la différence entre la théorie et le calcul a disparu, la moyenne de toutes les mesures donnera la hauteur cherchée. » *Lettres*, etc., p. 114-115.

2. Voir Lottin, p. 224-230, p. 263-275. Voir en particulier les citations qu'il fait de l'article : Moyenne, par Adolphe Bertillon, dans le *Dictionnaire encyclopédique des sciences médicales*, et de sa communication à la Société de statistique de Paris, en 1874. D'après Hankins (p. 78. Il s'inspire de la *Logic of Chance*, de Venn, London, 3e éd., 1888), il y aurait lieu de distinguer trois espèces de moyennes : celles qu'on établit *a priori*, et idéalement, dans le calcul des probabilités, quand on connaît le rapport des divers cas possibles (le rapport des noires aux blanches par exemple) ; on l'obtient déductivement (par la loi binomiale), et elle reste toujours la même. La seconde s'obtient en mesurant un groupe d'objets homogènes, et la troisième en prenant beaucoup de mesures d'un même objet. Dans ces deux derniers cas, on procède *inductivement*. Mais, tandis que, dans le troisième, la moyenne représente un objet réel et fixe, et s'en rapprochera indéfiniment à mesure qu'on multipliera les mesures, dans le second, elle correspond à un type moyen fictif, qui change sans cesse lorsqu'il s'agit des êtres vivants, si bien qu'à multiplier les mesures pendant un très long temps on ne s'approchera pas indéfiniment d'une limite fixe.

Théoriquement, l'identité d'un objet réel dont on prend beaucoup de mesures consiste dans le rapport qu'ont entre elles les observations successives dont il est l'objet : c'est-à-dire qu'elle ne serait pas mieux fondée que l'identité du type, si les observations, dans ce dernier cas, étaient entre elles toujours dans un rapport aussi régulier que dans celui-là. Or, c'est ce que Quetelet croyait pouvoir démontrer, en ce qui concerne la taille et beaucoup d'autres caractères de l'homme.

Mais toutes les proportions physiques de l'homme se groupent-elles ainsi autour de moyennes typiques ? Et ces moyennes se correspondent-elles en sorte qu'on puisse se représenter un homme type qui serait moyen sous tous ces rapports ? Quetelet s'est efforcé de l'établir. — Sur le premier point, on peut remarquer qu'il ne parvint pas à appliquer sa loi telle quelle aux poids[1]. Mais Quetelet constate que la série est quand même continue, et que le nombre des individus situés au-dessous et au-dessus de la moyenne est le même. Il en est de même de beaucoup d'autres phénomènes physiques (variations journalières de la température en hiver, changements du taux de la mortalité, etc.). Cela prouve, dit-il, que les forces qui tendent à agir dans un sens (celles qui tendent à dépasser la moyenne, dans la nature comme chez l'homme), sont plus fortes que celles qui tendent à agir dans un autre : c'est comme si, dans une urne, les noires et les blanches étaient en un autre rapport que d'égalité[2]. —

1. Les limites étaient ici de 19 et de 649 livres, avec une moyenne de 140 livres : leur écart par rapport à la moyenne était donc dans le rapport de 1 à 4.

2. Hankins, p. 81.

Sur le second point, on a objecté à Quetelet[1] qu'à composer l'homme moyen de qualités physiques moyennes, on obtiendrait un être difforme ou un monstre. Cournot disait déjà qu'avec les moyennes des côtés d'une série de triangles droits on ne pourra souvent pas former un triangle droit. Les moyennes des côtés, des angles et des aires d'une série de n'importe quelle espèce de triangles ne sont pas entre elles en un tel rapport qu'on les puisse concevoir réunies en un triangle. Quetelet a essayé de répondre à cette objection[3]. Il avait divisé un ensemble de 30 hommes en trois groupes tels que la hauteur moyenne dans chacun des trois fût la même. Il trouva que les autres proportions étaient en moyenne presque les mêmes[4]. Ainsi,

1. Voir notre observation, p. 32, note 2. Nous ne rapportons ici cette objection que pour préciser la position propre de Quetelet.

2. Cournot, *Exposition de la théorie des chances et des probabilités*, Paris, 1843, p. 213-214. Bertrand dit, de son côté : « la hauteur de la tête pourra, pour l'homme moyen, se calculer par deux méthodes : on peut prendre la moyenne des longueurs, ou, pour chaque individu, le rapport de la tête à la hauteur du corps, puis la moyenne de ces rapports. Les résultats sont différents : comment les accorder ? » Prenons la sphère moyenne entre deux sphères : « l'une a pour rayon 1 ; nous choisirons les unités de manière à représenter également la surface et le volume par 1. La seconde sphère a, je suppose, pour rayon 3, pour surface 9, et pour volume 27 ; ces chiffres sont forcés. Les moyennes 2, 5 et 14 sont incompatibles ; une sphère de rayon 2 aurait pour surface 4 et pour volume 8 très exactement ; aucune concession n'est possible, nulle sphère n'est difforme ». *Livre cité* p. XLII.

3. *Système social*, p. 35 sq.

4. Hankins remarque que si le raisonnement par analogie de Cournot n'est pas entièrement démonstratif, l'expérience de Quetelet, non plus, ne prouve pas ce qu'il croit. « Elle prouve seulement que les moyennes d'un même caractère [physique] dans plusieurs groupes homogènes sont presque égales, non que les

bien que sans doute aucun individu ne représente exactement l'homme moyen, il n'en existerait pas moins, entre les moyennes des divers caractères physiques, dans un même groupe, un rapport tel que leur ensemble correspondrait à un type dont se rapprochent le plus grand nombre des membres du groupe, et dont s'écartent le plus le moins grand nombre d'entre eux, selon une loi conforme à la théorie des probabilités.

Quetelet n'a pas hésité à définir le beau par ce qui est conforme au type moyen de l'homme. Si on applique la mesure aux statues par lesquelles les anciens ont représenté le corps humain, on trouve que, de façon très approchée, les plus belles sculptures antiques reproduisent les proportions du corps humain normal ou moyen. « C'est dans la juste proportion des parties qu'ils ont pu trouver le type du beau ; et les écarts plus ou moins grands de la moyenne ont constitué la laideur au physique[1]. » Il a sans doute accordé que le littérateur et l'artiste ont le droit de s'intéresser surtout aux différences, aux traits saillants, qu'ils doivent même les exagérer plutôt que de les affaiblir. Le beau varie suivant les époques, suivant les races. « Il n'y a pas de beau absolu. Si la race caucasique venait à disparaître, la race mongole dédaignerait le type grec ». En

moyennes de plusieurs caractères différents s'accordent entre elles (are mutually harmonious). » Hankins, p. 71, note 1.

1. *Recherches sur le penchant au crime*, 1831, p. 16. Avant lui, Sir Joshua Reynolds avait posé comme principe fondamental de l'art de la peinture que la beauté des formes et des traits consiste dans leur rapport étroit avec la conformation moyenne du modèle humain. Si tel était le cas, a dit Sir John Herschell, la laideur serait l'exception. « Je n'en aperçois pas la raison, répond Bertrand. Aucun trait de la beauté parfaite ne serait rare ; distribués sans convenance, ils seraient sans mérite... Si la laideur formait l'exception, le grotesque deviendrait la règle. » *Livre cité*, p. XLIII.

tout cas, la connaissance de la nature et des proportions du corps, en moyenne, chez les hommes au milieu desquels nous vivons, et surtout des « limites entre lesquelles on peut les faire varier sans cesser d'être vrai», sont des conditions du travail artistique. Mais, en dépit de ces réserves, Quetelet insiste sur l'identité des proportions du corps à travers le temps telle qu'elle lui paraît ressortir de l'étude des statues des Grecs. « Tout tend à établir... que le type humain dans nos climats est identique avec celui qu'on déduit de l'observation des plus belles statues anciennes[1] ». D'études sur quelques Indiens et quelques Chinois, il conclut : « Malgré l'infinie variété qui caractérise les races d'hommes, on est forcé de convenir que cette variété réside bien plus dans les relations de forme que dans les relations de grandeur... Les grandes proportions varient en effet très peu chez l'homme... Les grands linéaments de l'espèce humaine paraissent à peu près les mêmes pour les différents pays et pour les différentes races »[2].

Ainsi toute cette partie de la théorie de Quetelet, qui se suffit à elle-même en tant qu'explication des caractères physiques de l'homme, consiste en la reconnaissance d'un accord entre l'expérience et la théorie mathématique des probabilités. En fait, dans un jeu de hasard, sur un grand nombre de parties, les tirages se répartissent suivant leurs « chances » respectives, et permettent donc de reconnaître celles-ci: à côté de la probabilité *a priori*, il y a une probabilité *a posteriori*. Mais une série de mesures d'une même grandeur se répartissent autour d'une moyenne très régulièrement, et conformément à la loi des probabilités,

1. Cité par Lottin, p. 180.
2. *Ibid.*, p. 183.

comme si leur inexactitude résultait chaque fois d'une combinaison de causes tout accidentelles : la mesure d'une grandeur est donc assimilable au tirage d'une boule dans une urne. Enfin, les tailles d'un groupe étendu d'hommes se répartissent de même très régulièrement de part et d'autre d'une taille moyenne, comme plusieurs mesures ou reproductions d'un même objet : elles peuvent donc être considérées comme les résultats d'autant d'essais plus ou moins approximatifs en vue de copier un type. Et il en est de même de beaucoup de caractères physiques de l'homme et des animaux. En ce sens, la loi des probabilités expliquerait la plupart des régularités qu'on relève dans le domaine des faits vitaux.

CHAPITRE II

CRITIQUE DE LA THÉORIE DE L'HOMME MOYEN PHYSIQUE

A QUELLES CONDITIONS S'APPLIQUENT LES « LOIS DU HASARD »

Avant de passer aux applications que Quetelet a tentées de ces principes à l'ensemble des faits sociaux, il faut examiner de près sa théorie de l'homme moyen physique, en particulier cette répartition régulière des tailles autour d'une moyenne qui l'a tant frappé, et l'explication qu'il en donne. Ce fait est important; il a été souvent vérifié; il est le fondement de toute la sociologie de Quetelet; il est pour nous l'occasion de comprendre le mieux sa méthode.

Jusqu'à la publication de son livre *Sur l'Homme*, Quetelet désignait l'ensemble des recherches sur l'homme et la société qu'il avait en vue du nom de mécanique sociale[1]. Il serait certainement inexact de l'accuser

1. « En 1838, nous dit Lottin (p. 366, note), Comte proteste contre l'usurpation faite par Quetelet du nom de *physique sociale* qu'il avait créé en 1822 », contre « les vicieuses tentatives d'appropriation de divers écrivains, etc. » (Comte). « Quetelet n'a jamais expliqué pourquoi il a changé en 1835 sa mécanique sociale en physique sociale... Comte, en 1829, donnait cours à l'Ecole polytechnique, où il avait comme auditeur Fourier, à qui il dédia son

d'avoir voulu restituer aux « universaux » l'importance que leur attribuait l'ancienne métaphysique. Sa croyance est plutôt que les lois qui régissent l'homme, et les forces qui jouent en lui, ne sont point d'une autre nature que celles qu'on étudie en mécanique. Si nous nous arrêtons d'abord à ses recherches sur les particularités purement physiques de l'homme, c'est qu'il y a là une première assimilation d'un ordre de réalités à un autre, des faits biologiques aux faits physiques, qui, si elle était fondée, n'autoriserait sans doute pas à assimiler les faits sociaux aux faits physiques, mais n'en serait pas moins grosse de conséquences.

Hankins a bien montré que Quetelet a été tout près de reconnaître l'action de sélection que le milieu exerce sur les êtres vivants. Il a insisté en particulier sur l'influence du climat. Mais il admet « que les conditions physiques n'ont pas changé dans la dernière période géologique, et semble ne pas tenir compte de la possibilité pour une espèce de migrations d'un milieu à l'autre[1] ». En réalité, il n'a pas compris le contenu de la notion d'évolution en biologie. Mais, surtout, ce qu'il dit des moyennes, et sa classification des causes, laisse voir que, d'après lui, les effets biologiques comme les autres résultent d'une multitude de petites causes, non seulement distinctes, mais *indépendantes*. C'est à cette condition seulement, d'ailleurs, qu'il peut leur appliquer les lois du calcul des probabilités. Cette con-

cours de philosophie positive. Il est possible que Fourier, qui écrivit plusieurs fois à Quetelet et le vit à plusieurs reprises, ait parlé au savant belge du cours de *physique sociale* qu'il avait suivi. » A partir de 1838, Comte créa le nom de sociologie. Quetelet aurait donc été la « cause occasionnelle » de ce néologisme.

1. *Du Système social*, p. 257. Hankins, p. 81.

ception contient bien des obscurités. Puisque Quetelet invoque les lois du hasard, pour expliquer que les résultats moyens se produiront le plus souvent, et que les résultats qui s'écarteront de la moyenne se disposeront de part et d'autre de celle-ci de façon très régulière, il faut nous demander à quelles conditions ces lois joueront, et, en particulier, comment ces conditions se peuvent réaliser dans le domaine de la vie.

Nous partirons d'un schéma représentatif assez simple, qui est en quelque sorte calqué sur la théorie mathématique des probabilités, par lequel M. March essaie de rendre compte des régularités de fait que la statistique permet de découvrir[1].

M. March propose qu'on se représente les choses ainsi. Chacun des faits que l'on rattache à leurs antécédents peut être considéré comme la somme d'un certain nombre de petits effets élémentaires : c'est une combinaison de ces petits effets. On peut supposer d'autre part que ces petits effets ont des valeurs différentes (qu'ils sont plus petits ou plus grands), et l'hypothèse la plus simple, c'est que ces petits effets peuvent être représentés par la série 1, 2, 3..... m, cette série comprenant les valeurs de tous les effets, et un seul effet correspondant à chacune de ces valeurs. « Cette hypothèse correspond, par exemple, au cas où l'on effectue une mesure, et où, l'effet d'une cause d'erreur échappant entièrement à la perception, on n'a pas de raison de supposer telle grandeur de l'effet plus fréquente que telle autre. » Chaque mesure individuelle est donc une des associations possibles des effets élé-

1. March. Article : Statistique, dans *De la méthode dans les Sciences, 2e série*, Paris, F. Alcan, 1911, p. 355 sqq.

mentaires. — Il résulte de cette hypothèse deux conséquences notables. 1° La distribution résultante des faits (ici des mesures) sera plus *ample* que la distribution (supposée antérieure) des effets élémentaires : en d'autres termes, entre la plus grande et la plus petite mesure, l'écart sera plus grand qu'entre le plus grand et le plus petit effet élémentaire. En effet, si l'on suppose qu'il y a n catégories d'effets élémentaires en présence (c'est-à-dire n séries 1, 2, 3,... m), et que chaque mesure résulte de la combinaison de n effets élémentaires, dont chacun sera pris dans une catégorie différente (ce qui équivaut à l'intervention de n causes, dont chacune peut produire m effets élémentaires distincts), alors la plus petite des mesures possibles s'obtient en associant les n effets élémentaires les plus petits ($1 + 1 + ... + 1$), et la plus grande des mesures possibles résulte de l'association des n effets élémentaires les plus grands ($m + m + m + ... + m$). L'écart entre la plus petite et la plus grande mesure possible est donc égal à $m\,n - n = (m - 1)\,n > m - 1$; il augmente proportionnellement au nombre des causes (c'est-à-dire à n). 2° Mais le nombre des combinaisons possibles augmente beaucoup plus vite, car il est égal au produit de n nombres égaux à m, c'est-à-dire à m^n. — Il résulte de ces deux propositions que, lorsque le nombre n des causes augmente, les mesures « se tassent » de plus en plus. En outre, les mesures les plus petites ou les plus grandes ne peuvent résulter que de l'association d'effets élémentaires petits ou grands, et sont donc toujours plus rares, tandis que les mesures intermédiaires peuvent résulter de l'association d'effets élémentaires de toutes valeurs, et sont p'autant plus nombreuses que les causes augmentent.

« Le tassement s'opère donc autour de la moyenne, et non aux extrémités de la distribution ; il est d'autant plus compact que le nombre des causes considérées est plus plus grand. »

Remarquons bien dans quelle hypothèse cette démonstration vaut. On ne suppose pas, nous dit-on, telle grandeur de l'effet plus fréquente que telle autre : les effets élémentaires se disposent en une série, 1, 2, 3... *m*. C'est-ce qui autorise à se représenter toutes les associations possibles de ces effets élémentaires, et à mesurer la probabilité de ces associations par le produit des probabilités des éléments supposés indépendants qui y entrent[1]. L'*indépendance des éléments, telle est la notion qui se trouve à la base de tout le calcul des probabilités*. Et elle se trouve aussi à la base de toutes les conceptions d'événements complexes dus au hasard. Mais elle a besoin d'être complétée et précisée.

On connaît la définition donnée par Cournot du hasard : « Les événements amenés par la combinaison ou la rencontre de phénomènes qui appartiennent à des séries indépendantes, dans l'ordre de la causalité, sont ce qu'on nomme des événements *fortuits*, ou des résultats du *hasard*[2]. Un homme surpris par l'orage

1. On peut énoncer ainsi le théorème des probabilités composées : « lorsque l'événement dont on recherche la probabilité consiste dans la production successive de deux événements, la probabilité cherchée est égale au produit de la probabilité du premier par la probabilité pour que le second se produise lorsque le premier s'est produit ». (Borel, p. 29.) Mais il est bien entendu que le second événement reste entièrement distinct du premier : ses causes efficientes (inconnues) n'ont aucun rapport avec les causes efficientes du premier.

2. « C'est un principe de sens commun qu'il y a des séries de phénomènes solidaires, ou dépendant les uns des autres, et d'autres séries qui se développent parallèlement ou successive-

se réfugie sous un arbre isolé, et il y est frappé de la foudre. Cet accident n'est pas purement fortuit; car la physique nous apprend que le fluide électrique a une tendance à se décharger sur les cimes des arbres comme sur toutes les pointes. Il y avait une raison pour que l'homme, ignorant des principes de la physique, choisît l'arbre comme abri, et il y en avait une pour que la foudre vînt le chercher précisément à cette place. Au contraire, si l'homme avait été frappé au milieu d'une prairie ou d'une forêt, l'événement serait fortuit; car il n'y aurait plus aucune liaison entre les causes qui ont amené l'homme sur ce point et celles qui font que la foudre s'y rencontre en même temps que lui[1].... Ce n'est pas parce que les événements pris pour exemples sont surprenants qu'on doit les qualifier de résultats du hasard... Au contraire... c'est parce qu'ils sont rares qu'ils nous surprennent. » Mais, ajoute Cournot, bien des événements qui n'ont rien de rare ni de surprenant, par exemple l'extraction d'une boule blanche, ou d'une boule noire, d'une urne « sont considérés avec raison comme des résultats du hasard;

ment, sans qu'il y ait entre elles aucune dépendance, aucun lien de solidarité. Personne ne pensera sérieusement qu'en frappant la terre du pied il dérange le voyageur qui navigue aux antipodes, ou qu'il ébranle le système des satellites de Jupiter. » *Théorie des chances et des probabilités*, chap. IV.

1. *Ibidem*. « Un homme qui ne sait pas lire extrait un à un des caractères d'imprimerie entassés sans ordre : ces caractères, dans l'ordre où il les amène, donnent le mot *Alexandre*. C'est une rencontre fortuite... ; car il n'y a nulle liaison entre les causes qui ont dirigé la main de cet homme et celles qui ont imposé le nom d'Alexandre à un conquérant fameux, etc. » Dans son *Traité de l'enchaînement des idées fondamentales* (nouvelle édition, 1911), il cite l'exemple du poids d'une pierre qui me tombe sur la main, et qui correspond à un nombre exact de kilogrammes ou d'hectogrammes, p. 67.

parce qu'il n'y a manifestement aucune liaison entre les causes qui font tomber sur telle ou telle boule les mains de l'opérateur, et les couleurs de ces boules. »

Cette théorie de Cournot ne nous satisfait pas entièrement. En effet, bien des événements qui résultent de la rencontre de causes indépendantes, ne sont pas accidentels. Une tuile tombe, dans une rue fréquentée, sur la tête d'un passant : si ce passant n'a rien qui le distingue de la moyenne des passants, invoquera-t-on le hasard, au même titre que si c'est un millionnaire, ou un homme exceptionnellement chargé de famille, ou que si cela se produit dans une rue fort peu passante ? Que la foudre tombe sur un homme qui traverse un champ, qu'une pierre pèse exactement un kilogramme, qu'un illettré assemblant des caractères d'imprimerie forme un nom connu, si nous faisons abstraction de l'étonnement que ces faits provoquent, que demeure-t-il ? Simplement qu'une quantité d'hommes ont traversé ou traverseront un champ sans être atteints par la foudre, que des milliers de pierres prises sans choix ne pèseront pas un kilogramme, qu'une quantité d'illettrés, assemblant des caractères d'imprimerie, ne formeront pas des noms connus. C'est donc le petit nombre des combinaisons possibles capables de produire le fait considéré qui importe ici. Si les deux causes qui se rencontrent sont dites indépendantes, c'est que, parmi toutes les combinaisons que chacune d'elles peut former avec d'autres causes, celles où elles sont comprises l'une et l'autre sont très peu nombreuses, c'est qu'elles ont, comme on dit, très peu de chances, ou mieux, très peu de raisons de se rencontrer. Cela peut tenir à ce que, dans l'ensemble des phénomènes, leurs apparitions sont rares : d'autres causes, également indépendantes, mais qui apparaissent plus souvent, sont comprises dans plus de combinaisons, et leurs effets ne sont plus accidentels. L'indépendance des causes est, sans doute, un élément de la définition des faits de hasard, mais ce n'en est point le tout.

Nous préférerions l'explication de M. Poincaré[1]. Le hasard, d'après lui, s'expliquerait soit par la petitesse des causes, soit par leur complexité. Il y a toujours au début indétermination apparente, en ce sens que d'abord les variations sont si petites qu'on ne peut s'attendre à en voir résulter des effets importants, ni tel effet plutôt que tel autre : et cependant, de grands effets en résultent. Et l'indétermination consiste dans d'autres cas en ce que les causes sont trop nombreuses (et parfois trop menues, en même temps), en ce que leur ensemble est trop complexe, pour qu'on en attende un résultat défini et simple. Un exemple du premier cas, c'est le jeu de la roulette ; quelle différence appréciable (pour nous, pour notre sens musculaire) y-a-t-il entre l'impulsion qui fera que la boule s'arrêtera sur une rouge, et l'impulsion qui fera qu'elle s'arrêtera sur une noire? Aucune (bien qu'il y en ait une, très petite, en fait). Mais l'effet sera considérable, puisque ce sera un gain, ou une perte. Un exemple du second cas nous est donné par une partie de cartes : la position de 2, de 3, de 4 cartes, après qu'on les a battues, est un fait important, et très défini ; mais si on en recherche les causes, il faudra envisager les habitudes de la personne qui bat, et l'intervention (variable peut-être à chaque fois) de ces habitudes dans chacune des transpositions en lesquelles se résout le battage :

1. *Science et Méthode*, p. 64 sqq.

ce serait une complication infinie. — Mais, demanderons-nous, une pareille indétermination est-elle réelle ?

Nous n'entendons point par là que les mots petit, et complexe, désignent des notions relatives. « Le mot de très petit reste relatif, dit M. Poincaré, mais il est relatif à l'état actuel du monde. Il changera de sens quand le monde sera devenu plus uniforme, que toutes les choses seront mélangées plus encore... De sorte que notre critérium, restant vrai pour tous les hommes, conserve un sens objectif. » De même le critérium de la complexité reste objectif « parce que tous les hommes ont à peu près les mêmes sens, que la puissance de leurs instruments est limitée, et qu'ils ne s'en servent d'ailleurs qu'exceptionnellement[1]. » Sur tous ces points nous serons d'accord avec M. Poincaré. Mais il nous semble, d'une part, que les effets, si l'on n'en retient (comme nous y invite la théorie) que l'aspect physique, ne sont point si grands, relativement aux causes, qu'on nous dit, et que, d'autre part, la petitesse des causes ne signifie pas grand chose, si on ne rattache pas cette idée à un ensemble d'autres notions.

Dans l'exemple de la roulette, à une variation infiniment petite de la cause (l'impulsion) correspondrait un changement considérable dans l'effet. Mais l'effet, c'est l'arrêt de la boule sur une noire, ou sur une blanche : différence infime. Quant au gain, ou à la perte, même si on n'en retient que le transport d'argent d'un endroit à l'autre, il est lié à l'arrêt de la boule en une case ou l'autre par une convention : on sort, réellement, du système des causes efficientes, pour

1. Livre cité, p. 80-90.

entrer dans un autre système, social plus ou moins, mais qui n'est lié aux phénomèmes physiques en question que pour nous, et non en vertu d'une relation naturelle.

Mais voici un autre exemple, où l'homme paraît intervenir moins. Il est emprunté à la météorologie. Un équilibre instable de l'atmosphère va produire un cyclone; mais où, on ne peut le dire. « Un dixième de degré en plus ou en moins en un point quelconque, ce cyclone éclate ici, et non là, et il étend ses ravages sur des contrées qu'il aurait épargnées. » Mais, qu'il les étende ici ou là, à qui cela importe-t-il, sinon aux hommes dont cela menace les personnes et les cultures ? En soi, ce sera toujours un cyclone. En voici un autre, où l'homme n'intervient certainement plus. Considérons la distribution des petites planètes sur le zodiaque. Leurs longitudes initiales ont pu être quelconques : mais leurs moyens mouvements étaient différents. « De très petites différences initiales entre leurs distances au soleil, ou, ce qui revient au même, entre leurs mouvements moyens, ont fini par donner d'énormes différences entre leurs longitudes actuelles. » Mais il en serait de même de plusieurs coureurs presque également entraînés, et dont les premiers auraient très peu d'avance : dira-t-on que l'ordre dans lequel ils arrivent est dû au hasard ? Non. Car les espaces parcourus sont en rapport non seulement avec la vitesse, mais avec le temps. C'est la vitesse multipliée par le temps qui est ici la cause, et, comme beaucoup de temps s'est écoulé, la cause est donc elle aussi très grande. Voici enfin un exemple purement matériel. Si un cône repose sur sa pointe, « le moindre défaut de symétrie va le faire pencher légèrement d'un côté ou de l'autre, et dès qu'il penchera, si peu que ce soit, il tombera tout à fait de ce côté. Si même la symétrie est parfaite, une trépidation légère, un souffle d'air pourra le faire incliner de quelques secondes d'arc : ce sera assez pour déterminer sa chute, et même le sens de sa chute ». Mais à qui, et en quoi importe le sens de sa chute ? Où est la grandeur de la différence, sinon pour quelqu'un qui se représente comme des différences de qualité les différences d'orientation ? C'est donc toujours en vertu de conventions, c'est-à-dire de représentations humaines et sociales, que les effets peuvent être dits ici *très* différents.

Toutefois, l'idée de la petitesse des causes est à retenir, à condition de l'interpréter. Il existe en effet dans l'univers beaucoup de systèmes où, de petites causes produisant de grands effets, on peut parler de hasard. Mais cela résulte toujours d'*une organisation*, ou d'un ordre qui manifeste une organisation (organisation s'opposant, d'ailleurs, à mécanisme).

Et cela nous ramène à la notion, où nous étions arrivés, de l'indépendance des éléments comme condition de l'application des lois du hasard et du calcul des probabilités. Cette indépendance absolue n'est en effet réalisée et ne subsiste qu'à la faveur d'une organisation telle que le moindre changement, modifiant tout le système des causes, détruit par là les conditions d'où il est résulté, en sorte que les conditions nouvelles sont entièrement indépendantes (au point de vue de la reproduction ou de la non reproduction dudit changement) des précédentes.

Reprenons l'exemple de la roulette (ce que nous allons dire vaudrait d'ailleurs pour tous les jeux de hasard, pour ceux où l'on bat les cartes, où l'on jette des dés, ou une pièce d'argent). Il y a un dispositit matériel que nous nous bornons à mettre en train. Mais pourquoi l'impulsion n'est-elle pas communiquée aussi par un mécanisme matériel quelconque, taquet mû par un ressort, jet de vapeur, ou, simplement, chute de la boule d'une certaine hauteur (après enlèvement d'un obstacle)? C'est qu'elle tendrait à être uniforme : ou bien, si on modifiait en connaissance de cause la grandeur de la force impulsive, il y aurait des répétitions plus ou moins périodiques, en tout cas prévisibles. L'intervention d'un agent humain se justifie par le fait que les impulsions qu'il donne sont toutes différentes (de si peu que ce soit), ou, en tout cas, ne se répètent pas périodiquement : les impressions qui leur correspondent sont, en effet, trop faibles pour qu'il se guide sur elles, consciemment ou non. Les opérations de l'organisme ne se répètent qu'en gros : les impressions, chez l'homme en particulier, ont pour loi de changer sans cesse : chaque impulsion exprime un état de cet équilibre instable où se trouve l'organisme, état qui n'est presque jamais le même à deux moments différents. Tout se passe comme si on interrogeait l'organisme, comme si sa réponse spontanée, et toujours diverse, s'inscrivait aussitôt sous la forme du résultat d'une partie. C'est parce que les changement sont petits que les impulsions peuvent être toutes différentes.

Mais il en est de même dans les autres cas où l'homme n'intervient plus. Pourquoi attribue-t-on au hasard beaucoup de perturbations atmosphériques que la météorologie ne peut pas prévoir avec certitude? Pourquoi, dans une averse, les gouttes de pluie nous semblent-elles distribuées au hasard? « Pour savoir quelle sera la distribution de ces gouttes, il ne suffirait pas de connaître la situation initiale des ions, il faudrait supputer l'effet de mille courants d'air minuscules et capricieux. » Dans l'un et l'autre cas, il faudrait connaître l'état de l'atmosphère, la distribution de la température, etc., non seulement dans la région où on est, mais dans les régions voisines, et même sur toute la terre. Mais cette distribution complexe n'est sans doute jamais la même à deux moments différents : sans compter qu'elle doit dépendre en bonne part de l'influence exercée sur la terre par les planètes, etc., qui, elle aussi, change sans cesse. M. Poincaré a raison de parler de complexité, mais cette complexité n'est point du désordre, même pour nous (pour nos moyens d'investigation)[1]. Il y a bien des cycles, des correspondances, des adaptations qui laissent apercevoir ici l'action d'une loi organique qui empêche que le même état ne se reproduise, d'une loi de différenciation. Et c'est pourquoi l'on peut parler ici de hasard.

Plus embarrassant paraît l'exemple emprunté à la théorie cinétique des gaz. Et cependant, nous retrouvons ici, dans les plus petites parties de la nature, le même ordre organique que l'on devine dans ses plus grands ensembles. « Comment devons-nous nous représenter un récipient rempli de gaz? D'innombrables molécules, animées de grandes vitesses, sillonnent ce récipient dans tous les sens ; à chaque instant elles choquent les parois, ou bien elles se choquent entre elles. Ces chocs ont lieu dans les conditions les plus

1. M. Bergson a montré que nous croyons qu'il y a désordre quand nous ne rencontrons point celui des deux ordres, mécanique ou organique, que nous attendons, mais l'autre, — et que la notion de désordre, en dehors de ce contenu négatif, n'en possède point d'autre. *L'Évolution créatrice*, p. 238 sq. Paris, F. Alcan.

diverses. » Il en résulte un fait simple : l'égalité des pressions qui s'exercent en tous les points de la paroi[1]. Les molécules se mêlent de telle sorte que la somme algébrique de leurs vitesses à chaque moment, en adoptant une direction quelconque, tend à être de plus en plus petite, que le rapport de cette somme à la somme des valeurs absolues des mêmes vitesses tend vers zéro. Mais d'où vient que les molécules tendent ainsi à se distribuer « au hasard », si ce n'est de ce que leurs mouvements, dans un intervalle de temps très petit, doivent changer de direction très souvent, à la suite d'innombrables chocs contre d'autres molécules? Chacun de ces chocs peut être très petit, mais le grand nombre des chocs fait que la moindre déviation s'accroît très vite et devient considérable. Alors tout se passe comme si des coureurs, dans une vaste arène, avaient pour objet principal d'arrêter et de diriger en un nouveau sens tous les coureurs qu'ils rencontrent, et se trouvaient eux-même sans cesse dévoyés de la même façon. Le résultat n'est-il pas le même que si les molécules étaient soumises à cette loi de différenciation qui nous a paru s'appliquer aux phénomènes atmosphériques ?

Rien n'exprime mieux les deux aspects de l'hypothèse qui est à la base de toute conception du hasard : il s'agit de défaire l'ordre (au sens mécanique) qui tend à s'établir en vertu de lois simples, en vue d'y substi-

1. « Dans la théorie cinétique des gaz, on envisage des molécules animées de grandes vitesses, dont les trajectoires, déformées par des chocs incessants, ont les formes les plus capricieuses, et sillonnent l'espace dans tous les sens. Le résultat observable est la loi simple de Mariotte ; chaque fait individuel était compliqué ; la loi des grands nombres a rétabli la simplicité dans la moyenne. » Poincaré, *La science et l'hypothèse*, p. 175.

tuer le désordre pur ; mais le désordre, à la limite, devient une *organisation*, puisque la loi de tous les éléments est d'être différents les uns des autres, et de le redevenir dès qu'ils sont en voie de se ressembler. Le caractère de l'organisation ainsi entendue, c'est que chaque élément tend à être unique en son genre dans le tout (et, en ce sens, il en exprime négativement tous les autres), et que le changement d'un ou de quelques éléments entraîne un changement considérable dans l'ensemble : car le changement d'un élément, et d'un seul, dans un ensemble où tous les éléments sont indépendants et distincts, c'est un commencement de régularité, une réintroduction de l'ordre mécanique, qu'on est obligé de compenser ou d'annuler par une modification corrélative du tout. Un joueur tire un jeton d'un sac ; puis on remet le jeton, et il retire ; un changement s'est produit dans le système que forment les joueurs, le sac, les jetons, etc. ; et, si on ne remue pas le sac où on a remis le jeton, si on ne substitue pas un autre joueur à celui-là, etc., il se peut que le même jeton sorte encore, parce qu'il aura été remis à la même place, parce que le joueur aura fait exactement le même geste : quelques éléments du système demeurant les mêmes, il faut que tous les autres se modifient, pour que la situation nouvelle soit tout à fait indépendante de celle qui précède.

Il n'est donc peut-être pas légitime d'invoquer ici simplement le « principe de raison suffisante », de dire que, rien ne se produisant dont on ne puisse rendre raison, il y a désordre, et par conséquent hasard, toutes les fois que les causes sont trop petites, ou trop complexes (ce qui revient au même, puisque la complexité fait qu'une multitude de causes agissant à la fois, et en sens divers, il ne filtre à travers leur tissu extrêmement enchevêtré que des influences infinitésimales), c'est-à-dire toutes les fois qu'il n'y a pas de raison déterminée pour que tel effet, plutôt que l'effet contraire, se produise. Les faits se produiraient alors au hasard, parce que toutes les combinaisons possibles se réaliseraient dans la mesure exacte de leur possibilité. Cela implique une distinction radicale (celle qu'on trouve d'ailleurs chez Quetelet) entre les causes constantes, qui sont suivies d'un effet déterminé, et les causes accidentelles, qui s'annuleraient. Mais si les causes accidentelles et les causes constantes sont comprises en réalité dans un même système, ce n'est plus par les lois du hasard qu'il faudrait expliquer la régularité avec laquelle se disposent les effets des causes accidentelles, mais par les conditions d'existence, de stabilité ou de transformation du système tout entier.

Voici, par exemple, la loi des erreurs. « La loi des erreurs admise par tous les calculateurs est la loi de Gauss, qui est représentée par une certaine courbe transcendante connue sous le nom de courbe en cloche. Mais il convient de rappeler la distinction classique entre les erreurs systématiques et accidentelles. Si nous mesurons une longueur avec un mètre trop long, nous trouvons toujours un nombre trop faible, et il ne servira à rien de recommencer la mesure plusieurs fois ; c'est là une erreur systématique. Si nous la mesurons avec un mètre exact, nous pourrons nous tromper cependant, mais nous nous tromperons tantôt en plus, tantôt en moins, et, quand nous ferons la moyenne d'un grand nombre de mesures, l'erreur tendra à s'atténuer. Ce sont là des erreurs accidentelles[1]. » — Or, ajoute M. Poincaré, « il est évident d'abord que les erreurs systématiques ne peuvent satisfaire à la loi de Gauss. » Voici donc le schéma de M. March (et, sans doute, tout autre schéma du même genre) très en défaut. Rappelons qu'il distingue un certain nombre de causes, d'où résultent les mesures; chacune de ces causes produit un « effet élémentaire », et l'effet élémentaire, pour chaque cause, peut prendre successivement (a une égale tendance à prendre) toutes les valeurs de 1 à m. Mais si une, ou quelques-unes de ces causes produisent des effets élémentaires qui ne peuvent avoir qu'une ou deux valeurs (c'est le cas, si leur jeu est systématiquement faussé par moments), la déduction de M. March n'est déjà plus entièrement valable. — Mais où commencent les erreurs accidentelles, où finissent les erreurs systématiques? « Si l'on veut affirmer que non seulement la valeur probable est de tant, mais que l'erreur probable commise sur le résultat est de tant, *cela est absolument illégitime*. Cela ne serait vrai que si nous étions sûrs que toutes les erreurs systématiques sont éliminées, et nous n'en savons absolument rien[2]. »

Remarquons que le problème qui se pose ici est étroitement lié (tout autant que celui de la répartition des tailles) à des considérations biologiques, et, sans

1. Poincaré, *La science et l'hypothèse*, p. 240-241.

2. Poincaré, *id.*, p. 242. « Sur quelles bases solides repose, par exemple, le théorème fondamental de la théorie des erreurs? Et pourtant tout le monde y croit, comme le disait un jour M. Lippmann à M. Poincaré, parce que les expérimentateurs croient y voir un théorème de mathématiques, tandis que les mathématiciens le considèrent comme un fait d'expérience. » Vito Volterra, *Mathématiques et sciences biologiques et sociales*. Revue du Mois, 1906, n° 1 (Paris, F. Alcan).

doute aussi, sociologiques. Les erreurs dites accidentelles de mesure résultent de la conformation des organes, et de leurs habitudes. Or, rien n'est plus obscur que l'application des lois de probabilité aux faits organiques (ni M. Poincaré, ni M. Borel, qui cependant étudie les applications de ces lois à la sociologie, ne l'ont tentée)[1]. Si la plus grande quantité des observations se tassent autour d'un chiffre dit moyen, il est tout naturel de voir là une simple expression du fait que le plus grand nombre des membres de l'espèce ont les organes conformés et exercés de même (pour des raisons que nous n'avons pas, d'ailleurs, à examiner ici). Que des deux côtés de cette moyenne les nombres d'observations se disposent en séries qui décroissent suivant une loi régulière, cela peut être l'expression du fait que les modes de conformation des organes, dans l'espèce, et que leurs habitudes, se grou-

1. Cournot, après avoir indiqué que le calcul des probabilités intervient surtout dans les règlements d'équité (fixation des enjeux) ajoute que « si l'on veut transporter dans la discussion des phénomènes naturels ou des faits sociaux les conséquences déduites de pareils jugements, on s'expose à tomber dans des méprises... qui peuvent ébranler la confiance due aux applications légitimes ». *Théorie des chances*, etc., ch. IV. Bertrand a dit : « Les motifs de croire que, sur 10 millions de boules blanches mêlées à une noire, ce ne sera pas la noire que je tirerai du premier coup sont de même nature, a écrit Condorcet, que le motif de croire que le soleil ne manquera pas de se lever demain. L'assimilation n'est pas permise : l'une des probabilités est objective, l'autre subjective. La probabilité de tirer la boule noire du premier coup est $\frac{1}{10.000.000}$, ni plus, ni moins. Quiconque l'évalue autrement se trompe. La probabilité pour que le soleil se lève varie d'un esprit à l'autre. Un philosophe peut, sans être fou, annoncer sur la foi d'une fausse science que le soleil va bientôt s'éteindre ; il est dans son droit, comme Condorcet dans le sien ; tous deux l'excéderaient en accusant d'erreur ceux qui pensent autrement. » *Livre cité*, p. XIX.

pent régulièrement autour d'une moyenne, mais cela ne préjuge pas du tout des causes de cette répartition. Loin d'invoquer le hasard et le désordre, pourquoi ne point y reconnaître une loi de l'espèce, dont les membres ne sont certainement pas indépendants les uns des autres, qui peut-être ne peut subsister (qui n'a pu subsister), dans des conditions physiques et sociales définies, que parce qu'elle comprenait en même temps (ou que le cours des générations y faisait paraître périodiquement) des types individuels opposés, et en nombre tel de chaque côté de la moyenne qu'ils s'équilibrent ? Les lois qui déterminent la formation des couples et des groupes sont trop mal définies pour que de telles hypothèses soient à exclure. Le rôle des êtres individuels peut consister surtout à remplir des cadres complexes, déterminés à la fois par des lois physiques et sociales constantes. Loin que les influences de toutes sortes qui s'exercent sur les individus, et les réactions de ceux-ci, c'est-à-dire tout cet ensemble de forces subtiles, discontinues et désordonnées qu'on imagine, aboutissent à de telles régularités, ce sont ces régularités, c'est-à-dire les conditions générales d'existence de l'espèce et des groupes, qui devraient être posées d'abord, et les individus se borneraient à s'y conformer.

Pourquoi concevoir l'espèce comme un type dont les individus ne s'écartent que par accident ? Pourquoi son unité ne résulterait-elle pas d'une dualité de conformation, d'un conflit de deux ou d'un très petit nombre de tendances organiques générales, qui, au total, s'équilibreraient ? Quoi de plus naturel, alors, que les démarches de ses membres expriment cette divergence par une série régulière d'écarts de la moyenne en deux sens différents ? Telle serait sans doute la condition *sine qua non* de la stabilité de l'espèce. Si les écarts étaient plus nombreux en un sens, ce serait le signe que l'espèce tend à évoluer dans cette direction, sous l'influence d'une ou de plusieurs causes constantes : toute variation de ce genre n'est possible, en effet, que si l'équilibre est rompu, et la variation se poursuivrait jusqu'à ce que l'espèce eût recouvré son équilibre, jusqu'à ce que les tendances divergentes en fussent venues de nouveau à se balancer. Si les écarts les plus considérables étaient plus nombreux que les écarts moyens, ce serait le signe qu'un groupe tend à se distinguer du reste de l'espèce, au moins par certains caractères, et, si ces caractères sont importants, à constituer une nouvelle espèce, qui doit l'emporter sur la précédente, ou vivre à côté d'elle [1]. Mais s'il n'en est rien, si les caractères essentiels de l'espèce ne varient plus, c'est que, d'une manière ou de l'autre, peut-être

1. C'est ce que l'école biométrique croit pouvoir déterminer. « Imaginons un grand nombre d'individus d'une certaine espèce. Si leurs formes se groupent ou se condensent autour d'un type moyen, nous voyons qu'à mesure que nous nous en éloignons les individus se feront plus rares. C'est ce que Galton représente graphiquement en mesurant un organe, et en construisant la courbe qui exprime la relation entre la grandeur de celui-ci et la plus ou moins grande abondance des individus correspondants... Il peut cependant arriver qu'il n'en résulte pas une ligne de fréquence. Cela signifie que les individus, au lieu de se condenser autour d'un seul type, se condensent autour de deux types distincts ou même davantage, c'est-à-dire que la courbe peut se décomposer en deux ou plusieurs courbes de fréquence. Le groupe prend alors le nom de dimorphe ou polymorphe. La décomposition d'un groupe polymorphe dans ses éléments constitutifs devient ainsi une question purement géométrique, que Pearson a en partie résolue, et elle correspond à la décomposition d'une espèce dans ses variétés. » Vito Volterra, *article cité*, p. 17.

par l'élimination définitive ou périodique des germes qui auraient été l'origine de telles déviations, peut-être par l'établissement d'habitudes, de coutumes telles que dès l'enfance les divergences excessives en un sens ou l'autre soient limitées, l'équilibre se trouve maintenu. La répartition régulière des erreurs d'observation n'exprimerait donc que l'exercice par la société, sur tous ses membres, d'un contrôle d'une espèce particulière : l'éducation des sens serait l'œuvre de la société, et se trouverait conforme à ses fins.

Une comparaison fera comprendre ce que seraient cette action et cet équilibre. Supposons un peuple dont la langue, parente des langues parlées par des peuples voisins, serait même un mélange original de celles-ci : on peut admettre que des influences s'exerceront de celles-ci sur celle-là, et que le peuple voisin le plus nombreux, le plus important, tendra à exercer l'influence la plus forte. Si cette langue doit subsister, il faut que ces tendances s'équilibrent, et si le peuple qui la parle tient à la conserver, il fera en sorte qu'aucune ne prédomine. De même, il est possible que l'espèce, pour subsister, ait dû plier les organes de ses membres à des exigences contradictoires, que, par exemple, il ait été aussi, et aussi souvent, nécessaire de voir vite et de voir clairement de très petits objets (c'est-à-dire de les voir plus grands qu'ils ne sont), et de regarder avec circonspection, de ne pas attribuer à certains détails plus d'importance qu'ils n'en ont (c'est-à-dire de les voir plutôt plus petits qu'ils ne sont). On peut dire, avec Darwin, que, par un hasard heureux, ces dispositions se sont trouvées également réparties, et (par un mécanisme quelconque) sont demeurées dans le même rapport, ou, avec Lamarck, que les conditions extérieures ont obligé peu à peu l'espèce à les développer également parmi ses membres. Toujours est-il que, si l'une de ces dispositions l'avait emporté, c'en était fait de l'espèce, et qu'il a été de l'intérêt de celle-ci de conformer et d'exercer les organes des sens de ses membres de façon à ce que l'une et l'autre exigence se trouvassent également satisfaites chez le plus grand nombre : d'où une influence égale exercée dans un sens et dans l'autre, et, comme résultat d'un grand nombre de mesures prises sur un même objet, une répartition régulière des écarts par rapport à la moyenne.

Si l'on admet que les erreurs d'observation s'expliquent surtout par la diversité du développement et de l'exercice des organes, on s'étonnera moins qu'il se manifeste un rapport entre la loi de répartition des tailles et celle qui exprime les écarts d'observations : les causes, ici et là, seraient avant tout organiques et sociales. D'abord, la ressemblance entre les deux courbes n'est point entière [1]. D'autre part, il y a un écart

1. Herschell cite d'abord ce passage de Quetelet : « Je demande maintenant si ce serait exagérer que de parier un contre un qu'une personne peu exercée à prendre des mesures sur le corps humain va se tromper de 33 millimètres (1 pouce) environ, en mesurant une poitrine de plus d'un mètre (40 pouces) de circonférence. Eh bien! en admettant cette erreur probable, 5.738 mesures prises sur une même personne ne se grouperaient certainement pas avec plus de régularité, quant à l'ordre de grandeur, que les 5.738 mesures prises sur les soldats écossais... » Il ajoute : « L'auteur, assurément, s'avance trop. L'erreur probable de la nature est à peu près une demi-fois plus grande que celle qui a été prise ici pour terme de comparaison ; et il est clairement au delà des bornes de toute négligence ou imperfection admissible dans la pratique de commettre des erreurs telles que les écarts extrêmes enregistrés (7 pouces d'un côté et 9 de l'autre), dans une série de pareils mesurages, quelque multipliés

trop considérable entre la généralité des propositions où il arrive et le petit nombre des cas d'expérience sur lesquels il les appuie. Et leur nombre (leur diversité) importerait beaucoup ici, où il est possible qu'il faille faire très large la part de l'influence due à l'organisation sociale. Enfin, que prouvent des mesures prises sur des hommes qui ont vingt ans, ou vingt et un, ou vingt-deux, etc., mais pas moins? La taille est certainement dans l'espèce un caractère important[1], quelles que soient d'ailleurs ses variations de race à race, de région à région. C'est un de ces « caractères dominateurs » auxquels beaucoup d'autres particularités de l'organisme se trouvent subordonnées. Par suite, la taille exprime en un sens l'état, le degré de développement, les forces de résistance de l'organisme : du moins, l'hypothèse est entièrement légitime. Si des hommes trop petits ou trop grands vivent en santé, et ont même quelque vigueur, cela tiendrait à ce que d'autres caractères leur ont été une sauvegarde exceptionnelle. On voit alors le vice d'une méthode qui, pour déterminer la taille moyenne de l'homme tel qu'il sort « des mains de la nature », le mesure entre vingt ou vingt-cinq ans, c'est-à-dire à un moment où la mortalité a sans doute déjà supprimé ceux qui, entre autres en raison de leur faible constitution, de leur difformité, etc., lui opposaient le moins de résistance. C'est

qu'on les suppose, ou même atteignant la moitié de ces nombres. » *Article cité*. Physique sociale, t. I, p. 37-38.

1. Flourens disait que la longévité dans les espèces doit se mesurer en multipliant par quatre le temps nécessaire à l'entière formation et consolidation du système osseux. On sait que l'intestin du chat s'est allongé quand on l'a soumis à un régime plus herbivore. Mais la taille (la conformation du squelette) n'est pas un caractère variable.

comme si, pour reconnaître la forme primitive d'une masse montagneuse, on s'en tenait à son apparence actuelle de pic aux pentes régulières : mais toutes les forces d'érosion ont atteint précisément les parties les plus irrégulières, celles qui se détachaient le plus, de part et d'autre, de la masse. Rien ne nous empêche alors d'admettre qu'à l'origine (dès la naissance), la répartition des tailles est tout autre, ou, plutôt, que le nombre des organismes qui, s'ils subsistent, doivent atteindre une taille très différente de la moyenne, est proportionnellement beaucoup plus élevé qu'il n'apparaît à vingt ans.

On pourra répondre : peu importe ; c'est au moment où les êtres atteignent leur plein développement qu'il faut les examiner, pour déterminer le type, le modèle d'après lequel la nature a voulu les former. Oui : mais ce qui importe plus encore, c'est de reconnaître la nature des causes qui déterminent non seulement cette moyenne, mais la répartition régulière du plus grand nombre des individus en deçà, et au delà. Or, Quetelet invoque les causes accidentelles qui, se compensant au total, laissent intervenir les « lois du hasard », et elles seules, et réduit tous ces phénomènes à une série de combinaisons qui relèvent du calcul des probabilités. Mais la mortalité n'est pas une « cause accidentelle », surtout dans ce cas : elle résulte des conditions d'adaptation qui s'imposent à l'espèce ; elle atteint les membres de celle-ci avec d'autant plus d'efficacité que leur constitution leur permet moins de résister au milieu physique.

On dira alors que nous ne faisons que reculer la difficulté. Si, dès avant la naissance, tels et tels organismes sont prédisposés à succomber de bonne heure[1], la loi de la répartition des tailles à vingt ans serait déjà inscrite, en quelque façon, dans l'ensemble des embryons que leur conformation désigne ou non pour atteindre cet âge, comme dans un groupe de copies d'examen, avant même qu'on les ait lues, on pourrait dire que le résultat de l'examen est déjà contenu. Mais c'est oublier que la mort résulte de la conformation de l'organisme parce qu'il est appelé à vivre dans un milieu physique (et, peut-être, social) déterminé, mais que la nécessité de vivre dans ce milieu n'est pas inscrite à l'avance dans l'embryon, que, dans un autre milieu, les survivants ne seraient peut-être pas les mêmes. Le résultat de l'examen n'est contenu dans les copies que parce qu'on sait d'avance de quelle nature est ledit examen : mais les copies pourront être classées différemment, si c'est un examen d'écriture, ou si c'est un examen d'orthographe.

De fait, les peuples peuvent émigrer ; or, rien ne prouve que les mêmes tailles (avec tous les traits de la constitution organique qui s'y rattachent) soient le mieux adaptées aux climats les plus différents (en dépit d'exceptions, les tailles sont plus basses dans le Midi que dans les régions septentrionales, comme on sait). D'autre part, des changements d'habitudes sociales peuvent aussi intervenir : telles règles d'hygiène infantile, en sauvant des catégories d'enfants qui, autrement,

1. D'après Lexis (*Abhandlungen zur Theorie der Bevölkerungs- und Moralstatistik*, Iéna, 1903), le fait que la mortalité infantile reste considérable lorsque les enfants sont bien soignés prouve qu'il y a une loi de la nature (une loi physiologique) en vertu de laquelle une partie des nouveau-nés ne sont pas viables. Mais pourquoi admettre (ce n'est pas à Lexis que s'adresse d'ailleurs l'objection) que quelles que soient les conditions où l'enfant sera appelé à vivre, ce sont les mêmes organismes qui succomberont ? C'est là le point.

auraient péri, peuvent déplacer la moyenne. En résumé, dans cette hypothèse, ce n'est pas le calcul des probabilités, c'est l'étude des causes constantes, constitution organique, milieu physique, et rapports d'adaptation entre l'une et l'autre, qui doit rendre compte de la répartition régulière des tailles à vingt ans.

Mais l'organisation sociale agit de façon moins indirecte (que par l'influence qu'elle peut exercer sur la mortalité) et bien plus étendue encore. Si les hommes vivaient en groupes absolument isolés, d'ailleurs très bien adaptés et s'adaptant de mieux en mieux à leurs conditions d'existence climatériques et autres, les différences de taille moyenne qui existeraient de groupe à groupe iraient sans cesse se consolidant. Mais dans les pays civilisés, en particulier dans ceux sur lesquels ont porté les observations de Quetelet, il n'en est rien. Les hommes de région, de race et même de nationalité différente de plus en plus entrent en rapports : les unions matrimoniales rapprochent de plus en plus, en particulier, des membres de groupes différents : si des barrières subsistent entre certains groupes (religieux, nationaux), la différence de taille moyenne n'en est pas, en tout cas, la raison. Pris dans un tel ensemble de relations complexes, l'homme ne se préoccupe pas avant tout de chercher une compagne, ou la femme un époux qui lui soit assorti comme taille : s'il a une taille « anormale », cela lui est d'ailleurs d'autant plus difficile qu'il est davantage perdu au sein d'un groupe où les tailles « moyennes » sont bien plus nombreuses que les autres. Alors doit se poursuivre un processus d'égalisation des tailles, dans ces groupes, qui s'explique *en partie* par le grand nombre de couples possibles où des tailles moyennes sont associées avec des tailles moyennes ou avec des tailles extrêmes, par le petit nombre des cas possibles où les tailles extrêmes s'associent entre elles. Le schéma de M. March[1] s'appliquerait ici en partie, mais on voit bien pour quelle raison : à la faveur d'un désordre apparent, de la réunion en un même groupe d'individus très différents de taille les uns des autres. Mais ce désordre exprime simplement une organisation sociale définie. Cette réunion est l'œuvre de la société. Et c'est moins que jamais le cas d'invoquer la nature, et l'homme moyen qu'elle aurait voulu réaliser.

1. Voir p. 45.

CHAPITRE III

DÉVELOPPEMENT DE LA THÉORIE DE L'HOMME MOYEN PHYSIQUE

NATALITÉ ET MORTALITÉ

« Ce grand corps, dit Quetelet, parlant de l'humanité, subsiste en vertu de *principes conservateurs*, comme tout ce qui est sorti des mains du Tout-Puissant ; il a aussi sa physiologie, comme le dernier des êtres organisés. Quand nous nous croyons au plus haut de l'échelle, nous trouvons des lois aussi fixes, aussi immuables que celles qui régissent les corps célestes ; nous rentrons dans les phénomènes de la physique, où le libre arbitre de l'homme vient s'effacer entièrement, pour laisser prédominer sans atteinte l'œuvre seule du Créateur. L'ensemble de ces lois, qui existent en dehors des temps, en dehors des caprices des hommes, forme une science à part, à laquelle j'ai cru pouvoir donner le nom de physique sociale[1]. » Quetelet a souvent distingué deux espèces de forces, les unes, naturelles et constantes, les autres, qui se rattachent à l'action perturbatrice de l'homme. Les effets de celle-ci paraissent lents ; on pourrait, dit-il, les nommer : perturbations séculaires. Il est probable

1. *Lettres*, etc., p. 262.

que toujours ces deux espèces de forces ont mêlé leur action, car l'homme n'a jamais été sans intelligence, et c'est comme être intelligent qu'il est capable d'influencer (faiblement) les forces naturelles[1]. Mais son action, précisément parce qu'elle est médiocre, se peut assimiler à ces causes accidentelles dont l'influence disparaît à mesure qu'augmente le nombre des observations. Dans l'étude des lois de la population, des naissances et des décès, où la volonté de l'homme intervient le moins, ce sont bien les principes conservateurs, les lois de la nature, que les statistiques permettent d'atteindre.

Nous n'insisterons pas sur les divers points de vue d'où il a envisagé la natalité[2]. Malthus a certainement exercé sur lui une assez grande influence. Il croit pourtant que la résistance à la tendance à s'accroître, dans une population, augmente, toutes choses égales, comme le carré de la vitesse avec laquelle elle se développe. Mais, dit Hankins, « il ne présente ni données, ni arguments, pour appuyer cette conclusion, et il ne précise pas le sens de : toutes choses égales ; le théorème n'est donc pas démontré ». Il a cru qu'il y avait un rapport constant entre les naissances et les décès, que le chiffre de la population était déterminé par la

1. « L'homme possède encore en lui des forces morales qui lui assurent l'empire sur tous les autres êtres de l'univers, mais dont la destination nous restera probablement inconnue à jamais. C'est par la possession de ces forces morales que l'homme se distingue des animaux, qu'il jouit de la faculté de modifier, du moins d'une manière apparente, les lois qui le concernent, et que peut-être, en déterminant un mouvement progressif, il tend à se rapprocher d'un état meilleur. » *Recherches sur la loi de la croissance.*

2. Sur les naissances, les décès et les mariages, d'après Hankins, il a apporté peu de conclusions neuves pour l'époque.

quantité des subsistances. Mais il n'en a pas apporté de preuves décisives [1].

Plus intéressantes sont ses recherches sur la natalité aux diverses époques de l'année. Il avait indiqué de bonne heure [2] qu' « à l'époque où le nombre des degrés de l'échelle thermométrique est le plus fort (juillet), le nombre des naissances et des décès est le plus faible, et réciproquement ». Plus tard, dans sa *Physique sociale*, il rappelle ces recherches, d'où il résultait « que le nombre des naissances et celui des décès croissent et décroissent alternativement dans le cours d'une année, et que ces nombres atteignent leur maximum vers janvier pour les décès et vers février pour les naissances : leur minimum se présente environ six mois après, en juillet [3] ». Ces résultats valaient pour Bruxelles. Villermé montra que les époques du maximum et du minimum avançaient ou retardaient « selon les climats et les habitudes des peuples [4] ». De toute façon, il faut reconnaître que la

1. « Une grande mortalité doit entraîner une moindre fécondité des mariages, parce que les mariages en deuxième et troisième noces se multiplient davantage, et que la durée des mariages en devient généralement moindre. » Mais, en réalité « le nombre des naissances est réglé par le nombre des décès. Ceci confirme pleinement les idées des économistes qui admettent que la population tend toujours à prendre un certain niveau déterminé par la quantité des produits. Dans les localités où existent des causes particulières d'une mortalité plus grande, il doit se faire que les générations sont moins longues et se succèdent plus rapidement ». *Physique sociale*, livre II, chapitre v, p. 291.

2. *Nouveaux mémoires*, etc., t. III, 1826, p. 501.

3. *Physique sociale*, t. I, p. 203.

4. Von Mayr dit que, si on étudie le chiffre des naissances mois par mois, on y relève deux maxima, dont l'un correspond aux conceptions de mai (c'est, à peu près, le maximum relevé par Quetelet en février), l'autre à celles de décembre. Les causes

natalité dépend, dans ses variations, de causes physiques, qui modifient « la facilité et non la volonté que nous avons de reproduire[1] ». L'influence des saisons, en effet, est bien plus prononcée dans les campagnes que dans les villes ; c'est naturel, puisqu'on y trouve moins de moyens de se préserver de l'inégalité des températures. Le maximum des conceptions se place au mois de mai, lorsque la force vitale reprend toute son activité après les rigueurs de l'hiver[2].

Mais c'est surtout le rapport des sexes, à la naissance, qui l'a retenu. D'après plus de 14.000.000 1/2 d'observations faites en France, de 1817 à 1831, la valeur du rapport a été de 106,38 (pour les garçons) à 100 (pour les filles), et sa valeur moyenne a peu varié d'une année à l'autre. Quelle est la cause de cette différence constante (et de cet équilibre approché)?

du deuxième seulement seraient sociales. Dans les naissances illégitimes, le maximum de décembre disparaît presque, et l'autre est encore plus élevé. *Statistik und Gesellschaftslehre*, 3er Band : Sozialstatistik. Tübingen, 1909.

1. *Physique sociale*, t. I, p. 159.

2. Quetelet a même poussé plus loin l'étude de la périodicité de ce phénomène. « La chaîne entière de la vie, dit-il dans sa *Physique sociale*, se trouve régulièrement coupée, par distances égales d'un jour ou d'un an, par exemple, qu'on l'estime soit sous le rapport de l'activité du corps ou de l'esprit, soit pour le mouvement des passions, soit même pour les époques ou du commencement ou de la cessation de son existence... La périodicité diurne est fondamentale. Elle produit dans chaque ordre de faits des phénomènes périodiques secondaires » (t. I, p. 122-123). Il a recueilli les résultats de onze années d'observations faites de 1811 à 1822 à la Maternité de l'hôpital de Saint-Pierre, à Bruxelles, sur l'heure des naissances. Villermé les a trouvés conformes à ceux qui ont été obtenus à la Maternité de Paris. Les naissances sont plus nombreuses la nuit que le jour (le rapport est de 1,26 à 1). C'est vers minuit et vers midi que se placent le maximum et le minimum (*Correspondance mathématique*, etc., 1827, t. III, p. 42, et *Recherches sur la population*, Nouv. Mém. 1827, vol. IV, p. 138-140.)

Plus généralement, quelles causes influent sur la détermination du sexe ? — On invoque le climat, la température. Mais, dans les 30 départements français les plus méridionaux, le rapport a été de 105,95 à 100, c'est-à-dire sensiblement le même. En envisageant tous les pays d'Europe, on trouve qu'il n'est pas exact que les climats chauds favorisent les naissances féminines[1]. — M. Bickes dit, de son côté : c'est dans le sang (la constitution, la race) des populations, qui diffèrent plus ou moins les unes des autres sous ce rapport, que résident les forces ou les causes, quelles qu'elles soient, qui déterminent la production de beaucoup de garçons. Quant aux institutions politiques et civiles, aux coutumes, aux occupations, au genre de vie, à la richesse et à la pauvreté, elles n'exerceraient pas d'influence ici. — Comment expliquer alors qu'au Cap de Bonne-Espérance, parmi les naissances libres, celles des filles surpassent numériquement celles des garçons[2], que le nombre des naissances masculines semble un peu plus faible dans les villes que dans les campagnes, qu'il soit un peu plus fort proportionnellement, dans les pays d'Europe, pour les naissances légitimes que pour les naissances illégitimes[3] ?

1. Il s'appuie sur 70 millions d'observations recueillies par le capitaine Bickes, dans le *Mémorial encyclopédique*, mai 1832.

2. M. Gini (Corrado) croit que les résultats sur lesquels s'appuie ici Quetelet sont inexacts. Il a obtenu, pour les années 1901 et 1902, le relevé des naissances au Cap de Bonne-Espérance : les naissances de garçons sont le plus nombreuses, et en particulier dans la population blanche (ancienne « population libre » de Quetelet). Or, de 1820 à 1901 « il n'y a pas eu de modification essentielle dans la manière de vivre des Européens en cette région ». *Il sesso* etc. p. 70. Voir ci-dessous, p. 85, note 1).

3. Quetelet déclare d'ailleurs insuffisante l'explication de la légère prédominance des naissances masculines par la préfé-

Quetelet se rallie plutôt à l'opinion de Hofacker et de Sadler[1], d'après lesquels la différence d'âge interviendrait surtout. Le rapport du nombre des naissances masculines aux féminines devrait être de 103,5 environ quand le père est plus âgé que la mère de 1 à 6 ans; or, c'est ce qui se produit généralement dans toute l'Europe. L'âge des parents serait donc le principal régulateur du rapport des sexes à la naissance.

L'hypothèse dans laquelle se place Quetelet est celle où l'équilibre des naissances masculines et féminines est assimilé à l'égalité approchée des tirages de blanches et des tirages de noires, si le rapport des couleurs dans l'urne est d'égalité, et si l'on multiplie le nombre des tirages. Qu'il y ait une différence appréciable, c'est le signe qu'outre toutes les causes accidentelles ou variables qui déterminent l'équilibre, il y a une cause constante de cette différence. C'est ce qu'Herschell a fort nettement exprimé d'après Quetelet. Si on tire 3.636.383 boules d'une urne qui contient des boules noires et blanches en proportion égale et en un nombre infini, l'attente d'une proportion de boules d'une couleur supérieure de 2 centièmes 1/2 du nombre total des cas est aussi improbable que l'attente de jeter un as 643 fois de suite avec un dé ordinaire. Or,

rence accordée fort généralement aux enfants du sexe masculin, savoir que, quand ils viennent les premiers, on tend à s'en tenir là. Il serait possible de trancher la question, en ne retenant, d'une part que les ménages qui n'ont qu'un enfant, d'autre part que les ménages qui en ont plusieurs.

1. Le premier, dans les *Annales d'hygiène*, juillet 1829, le second dans *The law of population*, Londres, 1830, t. II, p. 34-36. Sadler s'appuie en particulier sur les registres des pairs d'Angleterre.

le rapport des naissances masculines aux féminines en Angleterre pour sept années (de 1839 à 1845) fait ressortir une différence aussi forte en faveur des naissances masculines. « Nous sommes donc arrivés ici à la preuve d'une tendance qui doit être prise pour une loi de la nature humaine[1]. »

La mortalité ne témoigne pas d'une moins grande régularité, sous quelque rapport qu'on l'envisage[2]. Quetelet indique d'abord l'influence des causes naturelles sur les décès. Le climat intervient sans doute. « Je crois, dit-il, qu'on peut admettre que la mortalité est plus grande dans le sud de l'Europe que dans le nord ou le centre. » Encore ne faut-il pas exagérer. L'Angleterre fait pencher la balance du côté du nord : mais cela tient-il à ses institutions politiques, ou à la nature de son climat ? Il semble qu'une grande mortalité marche presque toujours de front avec une grande fécondité, et que l'un et l'autre s'expliquent surtout par la nature du climat, par l'atmosphère humide,

1. Herschell. Article cité, *Physique sociale*, t. I, Introduction, p. 53.

2. « Le premier mémoire statistique de Quetelet (*Nouveaux mémoires*, vol. III, 1826) qui contenait une table de mortalité, avec distinction des sexes, avait en vue d'offrir une base solide à l'assurance-vie à Bruxelles. Un second mémoire (*Idem.*, vol. IV, 1827) étendait les tables de mortalité et de population aux provinces du sud, et ses travaux de 1832 (*Recherches sur la reproduction et la mortalité de l'homme aux différents âges*, Bruxelles, 1832) et de 1833 (*Sur l'influence des saisons et des âges sur la mortalité*, 1833, reproduit dans *Sur l'homme*, livre I, chapitre v, section I, et développé dans *Nouveaux mémoires*, vol. XI, 1838), contenaient des tables pour toute la Belgique... Il aborda sérieusement pour la première fois la théorie mathématique des tables de mortalité et de population dans ses Mémoires de 1851 et de 1853 (*Bulletin de la Commission centrale de statistique*, vol. IV et V). » Hankins, p. 54.

fiévreuse. Mais, dans les grandes villes notamment, l'influence de la richesse et de la misère ne sont pas moindres.

Les deux influences essentielles sont celles du sexe et de l'âge. On peut les envisager d'un double point de vue. On peut calculer d'abord *la durée de la vie probable*. On entend par là « le nombre d'années après lequel la probabilité d'exister et celle de ne pas exister sont les mêmes, et par conséquent égales à $\frac{1}{2}$. Il est évident que cela a lieu lorsque le nombre des personnes de l'âge dont on part est réduit à la moitié de ce qu'il était ». Or, en rapprochant les résultats obtenus pour différents pays, on trouve qu'ils s'accordent : « l'Europe entière suit une loi de mortalité à peu près la même... Les faibles différences... tiennent aux avantages particuliers que donnent une certaine aisance et une vie généralement régulière. » A l'époque de la naissance, la vie probable est de quarante ans. Elle s'allonge alors, et atteint son maximum peu avant cinq ans. Elle diminue ensuite jusqu'aux âges les plus avancés[1]. L'âge de cinq ans est remarquable en ce que la mortalité, très grande jusque-là, s'arrête brusquement et devient très faible jusqu'à l'âge de la puberté. — Mais on peut calculer aussi le degré de *viabilité*, c'est-à-dire à quel âge l'homme peut le plus compter sur son existence actuelle, peut parier avec le plus de chances qu'il ne succombera pas dans l'instant qui va suivre. Or, l'époque qui précède la puberté (soit treize ans dans les villes, quatorze ans dans les campagnes) présente un maximum de viabilité. C'est ici surtout qu'il importe de tenir

1. *Physique sociale*, t. I, p. 309.

compte de la différence des sexes. Jusqu'au huitième ou dixième mois, les garçons meurent beaucoup plus que les filles : la différence est beaucoup plus marquée que celle qui existe entre les naissances masculines et féminines : celle-ci ne peut expliquer que l'excès de mortalité des garçons entre un et deux ans, qui est beaucoup moindre qu'auparavant. Vers deux ans, la mortalité des deux sexes est à peu près la même. Celle des filles augmente ensuite et devient très sensible entre quatorze et dix-huit ans, c'est-à-dire après la puberté (surtout dans les campagnes). Entre vingt et un et vingt-six ans, c'est-à-dire à l'époque « des passions les plus vives », la mortalité de l'homme l'emporte; vers vingt-quatre ans, il y a pour lui un maximum qu'on ne remarque pas pour la femme; mais sa mortalité décroît ensuite, jusqu'à un minimum, vers trente ans, tandis que chez les femmes, au delà de vingt-quatre ans, elle continue à augmenter, de sorte qu'elle égale celle des hommes entre vingt-six et trente ans, et la dépasse jusqu'à quarante-cinq : c'est le temps de la fécondité : les dangers de la maternité s'ajoutent chez elle à ceux qui naissent du développement des passions. Lorsqu'elle cesse de procréer, sa mortalité diminue, et les deux sexes achèvent de s'éteindre dans la proportion respective où la mortalité les a laissés. — En somme, à considérer l'influence du sexe et de l'âge, on trouve que l'évolution de l'homme s'accomplit dans des conditions très définies, que les morts se tassent en certains points (à certains âges), que la mortalité passe, par voie d'accroissements ou de décroissements très réguliers, d'un maximum à un minimum ou inversement. On peut se représenter un homme moyen, qui non seulement vivrait un temps moyen, mais, à chaque âge, et pour chaque sexe, offrirait aux causes de mort plus ou moins de prises, exactement dans le même rapport que toute une nation.

Quetelet a cherché ensuite comment intervenaient quelques « causes variables ». L'influence des saisons, plus prononcée dans les campagnes que dans les villes, s'exerce inégalement suivant l'âge. « A aucun âge de la vie l'influence des saisons n'est plus sensible sur la mortalité que dans la première enfance et dans la vieillesse ; à aucun âge elle ne l'est moins qu'entre vingt et vingt-cinq ans. Les maxima et minima absolus sont très prononcés entre un et cinq ans, et entre quarante et cinquante ans (ils sont comme 1 est à 2 et 2 1/2, surtout dans la dernière période). Il n'en est pas de même des minima secondaires de l'été. » Quant à l'influence des heures du jour, d'après les relevés de trente années à l'hôpital de Saint-Pierre à Bruxelles, elle est moins marquée que pour les naissances, et, à la différence des naissances, les décès sont le plus nombreux pendant le jour. L'influence des années est plus complexe, puisqu'il y a des années de disette et de guerre : dans le cas de guerres, les décès, d'ordinaire, multiplient les mariages et les naissances ; dans le cas de disettes, il n'en est pas ainsi : le besoin, qui momentanément détermine des décès, « fait craindre d'entreprendre des établissements nouveaux, et on ne sort pas brusquement de l'état de veuvage[1] ». En réalité, ce sont là des causes accidentelles, qui, si on ne retient qu'une courte période, obscurcissent l'effet des lois générales.

L'influence des causes perturbatrices, c'est-à-dire

1. *Physique sociale*, t. I, p. 327.

de celles qui sont dues à l'intervention de l'homme, paraît de plus en plus incontestable. Le peu que l'on sait « suffit déjà pour prouver que l'influence des professions, par exemple, peut faire varier considérablement le degré de mortalité. Il en est de même de l'aisance dont jouit un peuple, et de la manière dont il se nourrit ». Les chances de mortalité sont plus nombreuses dans les pays manufacturiers que dans les pays agricoles, dans l'enceinte des villes qu'au milieu des campagnes : « l'alternative du superflu et du besoin » est mauvaise. Déjà au moment où écrivait Quetelet, plusieurs enquêtes avaient mis en lumière l'inégalité de durée de la vie, en moyenne, suivant le revenu ou la profession. L'état moral des peuples, le degré de diffusion des lumières, leurs institutions politiques et religieuses, expliquent bien des différences dans le taux de la mortalité, de l'un à l'autre. Un peuple industrieux et prévoyant a l'avantage sur un peuple abruti et oisif. Ainsi s'explique aussi que la mortalité soit moins élevée dans les classes supérieures que dans le bas peuple. Dans les pays où la civilisation a le plus progressé, la mortalité a le plus diminué. En Angleterre, par exemple, tandis qu'à Londres, de 1696 à 1797, la population augmentait, le nombre des décès par an s'abaissait de 21.000 à 17.000; il en était de même à Manchester, Liverpool, Birmingham. En France, de 1 décès sur 29 habitants en 1781 on a passé à 1 décès sur 40 habitants. Sans doute la démoralisation des grandes villes, phénomène surtout moderne, explique qu'on y meure plus qu'ailleurs. En revanche, nombre d'institutions religieuses anciennes, le baptême, le carême et les abstinences, les cérémonies mortuaires (en particulier l'usage où l'on est d'entourer de formes religieuses le malade dont l'état inquiète) sont des causes certaines d'accroissement de la mortalité. — Quetelet n'hésite pas à conclure : « Les gouvernements disposent en quelque sorte de la vie des hommes qu'ils ont constamment sous leur influence, depuis qu'ils ont vu le jour jusqu'au moment où ils descendent au tombeau[1]. »

*
* *

On a recueilli, depuis les travaux de Quetelet, un nombre considérable de données nouvelles sur la natalité et la mortalité dans les différents pays. Ce n'est pas le lieu de les analyser. Bornons-nous à insister sur les aspects de ces phénomènes qui l'ont le plus intéressé ; ce sera l'occasion de suivre mieux le développement de sa théorie de l'homme moyen en un domaine déjà moins purement physique, et où les influences sociales sont certainement bien plus marquées.

L'équilibre des sexes, qui ne serait troublé que pour des raisons sociales (la différence d'âge des époux), semble à Quetelet une de ces régularités naturelles dont on peut rendre compte en invoquant les lois de probabilité. Mais comment le problème se pose-t-il ? Faut-il partir de la répartition égale des hommes entre les sexes masculin et féminin dans le monde entier ? D'abord, nous ne la connaissons pas[2]. D'autre

1. *Physique sociale*, t. I, p. 392.

2. 60 p. 100 des hommes sont réellement dénombrés, 40 p. 100 sont l'objet d'évaluations (on suppose un rapport constant entre le nombre des habitants et celui des familles, des mariages, des morts, des naissances, ou, même, la surface du territoire,

part, s'il y a une loi de la nature qui fait que la naissance d'un garçon est, dans l'espèce humaine, d'une probabilité égale à celle d'une fille, on ne voit pas pourquoi elle ne s'appliquerait point à l'intérieur d'un continent, ou même d'un pays qui comprend plusieurs millions d'habitants (et, si elle ne s'y applique pas, pourquoi elle s'appliquerait à toute la terre). Il n'y aurait de raison d'attribuer une importance particulière à des moyennes obtenues pour toute la population du globe que dans deux hypothèses : s'il existait, entre tous ces peuples, une solidarité sociale étroite, s'ils étaient tous compris dans une même organisation, ce qui n'est pas ; si la population était également répartie dans toutes les régions, et si, entre les conditions physiques de ces régions, il y avait à la fois de telles oppositions et de telles correspondances, qu'au total elles s'équilibreraient (se compenseraient) : mais il n'en est certainement rien. Alors la population du globe ne peut être considérée comme un tout[1]. Ajoutons que, dans les pays où l'on s'écarte le plus de l'équilibre sous ce rapport, on peut supposer que des circonstances exceptionnelles interviennent : chez les

le nombre des maisons, le nombre des guerriers...) Schnapper-Arndt, *Sozialstatistik*, 1908.

1. On trouve dans K. Bücher, *Ueber die Verteilung der beiden Geschlechter auf der Erde* (Allgemeine statistische Archiv, II, 2, 1892, p. 369 sqq.) les chiffres globaux de la répartition des sexes pour toute la population réellement dénombrée, soit 794 millions d'individus : le rapport est de 988 femmes pour 1.000 hommes (mais 1.024 en Europe, 973 en Amérique, 958 en Asie, 852 en Australie, 968 en Afrique). Depuis, dans *die Volkszählung vom I. Dezember 1900 im deutschen Reich*, bearbeitet im kaiserlichen statistischen Amt, I. Teil (Statistik des deutschen Reichs. Band 150, Berlin, 1903, p. 52* sqq), on a donné ces chiffres pour 882 millions d'individus : le rapport est, cette fois, de 991 femmes pour 1.000 hommes.

Mahométans, et aussi chez les Indous, on n'obtient pas d'indications complètes sur le nombre des femmes[1].

Tenons-nous en aux pays européens : voici le nombre des femmes pour 1.000 hommes, entre quinze et quarante ans (nous mettons entre parenthèses la date du recensement) :

Luxembourg (1900) .	853	Hollande (1899). . .	1031
Serbie (1896)	952	Irlande (1901) . . .	1037
Belgique (1890) . . .	984	Autriche (1890). . .	1046
Allemagne (1900) . .	1008	Suisse (1888)	1059
France (1896). . . .	1012	Ecosse (1891). . . .	1073
Suède (1891)	1016	Angleterre (1891) . .	1075
Italie (1881)	1021	Danemark (1890) . .	1080
Hongrie (1900) . . .	1029		

Au reste, les écarts doivent être encore moindres qu'il ne paraît, car si l'on compare les mêmes proportions, calculées dans les mêmes pays, pour les quatre périodes de la vie suivantes : moins de quinze ans, de quinze à quarante ans, de quarante à soixante ans, de soixante ans et plus[2], on trouve que, dans les pays les plus importants, elles augmentent d'une période à l'autre, ce qui s'explique par la mortalité plus grande des hommes : ainsi, en Angleterre, la proportion est de 1.006 dans la première période, de 1.227 dans la dernière ; en France, respectivement, de 998 et de 1.108;

1. Dans les grandes villes de l'Inde, on trouve une proportion très faible de femmes (elle descend jusqu'à 507 p. 1000 à Calcutta), imputable en partie sans doute aux mauvais traitements dont les femmes sont l'objet (sinon à l'infanticide). Aux Etats-Unis, il y a un gros excédent d'hommes parmi les Chinois et Japonais immigrés.

2. Von Mayr (Georg), *Statistik und Gesellschaftslehre*, 3er Band, 1e Lieferung, 1909, p. 39.

en Allemagne, de 995 et de 1.218; en Autriche, de 1.005 et de 1.130 (l'Italie fait exception, parce que la mortalité y est aussi forte chez les femmes que chez les hommes). Nous savons, d'ailleurs, qu'il naît une proportion à peu près constante de garçons et de filles (avec un léger excédent de garçons). Si malgré cela, en Europe, la proportion des femmes est nettement plus forte, cela doit tenir à ce qu'elles ont des conditions d'existence meilleures.

En somme, deux faits sont ici à distinguer : 1° l'équilibre des sexes au total (enfants, adultes et vieillards réunis) : on conçoit qu'il tende à s'établir pour des causes sociales, alors même qu'il n'existerait pas dès le début (ou, s'il ne s'établit pas, c'est encore à des causes sociales qu'il est possible de l'attribuer ; il n'y a aucune raison, avant cela, d'invoquer quelque dessein de la nature) ; 2° la proportion presque égale des naissances masculines et féminines [1]. C'est le problème essentiel, et le plus difficile à résoudre.

« La question de la cause du sexe chez l'individu est très différente, dit M. Delage selon qu'elle s'adresse aux animaux inférieurs et aux plantes, ou à l'homme et aux mammifères. Pour les derniers... on ne sait à peu près rien, et c'est là que les théories ont eu le champ libre [2]. » Deux opinions sont d'abord à écarter. L'une est

1. Dans le livre de Gini (Corrado), *Il sesso dal punto di vista statistico, le leggi della produzione dei sessi* (Milan-Palerme-Naples, 1908), on trouvera dans les tableaux I à VII (p. 35-52) l'indication très détaillée, et aussi à jour que possible, du rapport des nés vivants du sexe masculin aux nés vivants du sexe féminin, par états et par périodes quinquennales. Ce rapport, pour le plus grand nombre des états, est de 105 à 108 p. 100 (soit de 51.22 à 51.92 p. 100 des nés vivants).

2. *La structure du protoplasma et les théories sur l'hérédité et*

bien vague. Il naîtrait actuellement autant de garçons que de filles (à très peu près), parce que les tribus où les filles étaient plus nombreuses que les garçons se trouvaient en infériorité dans la lutte pour la vie, et ont dû disparaître. C'est possible : mais à quoi tient que, dans certaines tribus, il y ait eu une tendance à procréer une proportion égale d'enfants de l'un et de l'autre sexe ? On ne nous en dit rien. L'autre est infirmée par les faits. « Hofacker et Sadler avaient déduit de statistiques insuffisantes que l'époux le plus âgé a plus de chances de donner son sexe au produit. Mais Berner a montré par des statistiques plus étendues portant sur 213.224 mariages que cette opinion était erronée [1]. » — Voici, alors, un point de vue auquel plus ou moins se placent tous les théoriciens en cette matière. Que le sexe dépende du mâle seul, comme le croyait déjà Aristote, ou que chaque parent engendre un produit de même sexe que lui, toute la question est de savoir quelle sera, au moment de la conception, la force relative du spermatozoïde et de l'œuf (l'œuf influençant en tout cas le

les grands problèmes de la biologie générale. Paris, 1895, p. 344. Nous citons d'après la 1re édition, aucun de ces passages n'ayant été modifié dans la 2e (1903).

1. *Ibid.*, p. 344-345. M. Delage cite les nombres de ces trois auteurs. Mais ils semblent s'être bornés à distinguer des catégories d'après la différence d'âge des deux époux, sans tenir compte de l'âge où ils se sont mariés. Or, la différence d'âge peut jouer très inégalement, suivant cette modalité. Et il faudrait savoir, encore, combien de ces enfants sont primipares. Schnapper-Arndt, dans sa *Sozialstatistik*, mentionne ce phénomène curieux, constaté dans toutes les provinces d'Autriche et en Norvège : parmi les premiers nés, il y aurait plus de filles que de garçons ; parmi les enfants légitimes, les premiers nés, et, parmi les illégitimes, les autres auraient le plus de chance d'être garçons. La théorie de Düsing, que nous indiquons ci-dessous, en rendrait peut-être compte.

spermatozoïde, s'il est plus vigoureux, et l'obligeant à produire une femelle). Comment, si on admet cette hypothèse, va-t-on appliquer le calcul des probabilités à cet ordre de phénomènes ? On pourra supposer : 1° que, parmi les spermatozoïdes qui sont mis en mesure de féconder l'œuf, la proportion de ceux qui sont assez forts pour imposer au produit le sexe du mâle est égale à celle de ceux qui ne le sont pas assez ; 2° que la période pendant laquelle l'œuf est assez fort pour obliger le spermatozoïde à produire une femelle est aussi longue que celle pendant laquelle il ne l'est pas assez. Cela admis, le nombre des combinaisons possibles qui donneront un mâle sera égal au nombre des combinaisons possibles qui donneront une femelle. On pourra assimiler le fait des naissances au fait de tirer des boules rouges ou blanches d'une urne où elles sont en nombre égal [1]. Ou encore on pourra songer à un jeu de cartes très simple, en assimilant la naissance d'un garçon au cas où l'on retourne une carte d'une couleur, la naissance d'une fille aux cas contraires.

1. M. Borel pose ainsi la question : le rapport du nombre des naissances masculines au nombre total des naissances étant supposé égal à $\frac{1}{2} + \alpha$, l'écart (entre les naissances masculines et féminines) satisfait-il aux mêmes lois que si chaque naissance était remplacée par un tirage dans une urne renfermant N boules, parmi lesquelles $\left(\frac{1}{2} + \alpha\right)$ N seraient blanches ? Il conclu que, *au moins à une première approximation*, l'assimilation est légitime. Et il a eu soin d'ailleurs de faire cette réserve : « il y a la même différence entre ces probabilités statistiques et les probabilités abstraitement et rigoureusement définies qu'entre les figures étudiées en géométrie, et les représentations plus ou moins grossières qu'on en rencontre dans la nature : entre une sphère, par exemple, et une orange. » On ne saurait mieux dire, puisque l'orange nous introduit dans le monde organique. (*Théorie des probabilités*, p. 158 sqq.)

Seulement (c'est un point sur lequel nous avons déjà bien insisté) il faut supposer alors que l'état actuel, où beaucoup de combinaisons se présentent comme possibles, est tout à fait indépendant (comme état) de l'état antérieur, qu'il n'y a aucun commencement de régularité, aucune période, aucun cycle, de même qu'on a remué les boules dans l'urne, qu'on a battu les cartes. Mais peut-on accepter une telle hypothèse ? En d'autres termes, les fécondations actuelles sont-elles tout à fait indépendantes des fécondations antérieures ? Comment serait-ce possible, si elles ne sont pas indépendantes de la proportion qui existe actuellement entre les êtres capables de s'accoupler de l'un et l'autre sexe ? Or, elles ne le sont pas, certainement. On a remarqué qu'après les guerres qui ont modifié la proportion en faveur des femmes, il naît beaucoup plus de mâles[1]. Cela doit tenir à ce que les femmes sont plus souvent fécondées. Mais on peut admettre qu'il en aurait été de même, si la cause du déficit avait été tout autre. Et, sans doute, il y a dans les sociétés un mécanisme qui permet que l'équilibre se rétablisse dès qu'il est rompu.

A ce point de notre argumentation, nous songions (et nous songeons encore) à invoquer la différence d'âge des époux (dont il n'est pas encore permis d'exclure entièrement l'influence). Mais nous avons trouvé dans une théorie physiologique de l'origine des sexes, d'ailleurs connue, la seule dans laquelle M. Delage reconnaisse un contenu positif[2], une confirmation très nette de notre thèse.

1. En 1821, en France, le rapport des sexes, pour tous les âges, donne, en faveur des femmes, 2,86 p. 100 (écart absolu), en 1831, 2,06, en 1841, 1,24, en 1851, 0,54. G. Mayr. *Die Gesetzmässigkeit im Gesellschaftsleben*, München, 1877.

2. « En somme, en dehors de la nécessité de l'autorégulation

« Thury avait observé qu'il naissait plus de femelles quand la femelle avait été couverte dès le commencement du rut, et plus de mâles quand le coït avait lieu à la fin de cette période. L'œuf très mûr donnerait un mâle, l'œuf peu mûr une femelle. Les expériences faites par les éleveurs corroborent assez bien cette règle. Mais les observations de Fürtz l'infirment[1]. Düsing s'en est emparé, mais il l'a appuyée sur des considérations très intéressantes et fort bien déduites. Il déclare, avec raison, que la régularité absolue de la proportion moyenne des sexes ne peut s'expliquer que par une autorégulation, la pénurie de mâles provoquant une production de mâles, et la pénurie de femelles une production de femelles. *On comprend, en effet, que, si la régulation était primitive et organique, elle n'autoriserait pas des oscillations incessantes autour d'une moyenne qui seule est fixe.* Les chiffres absolus eux-mêmes seraient fixes. Une riche statistique lui a montré, en effet, que l'œuf jeune tend à produire une femelle, l'œuf vieux à produire un mâle. Le spermatozoïde jeune tend à produire un mâle, le spermatozoïde vieux à produire une femelle. Avec ce principe, l'autorégulation ne peut manquer de s'établir, car s'il y a peu de mâles, ils féconderont souvent, et leurs spermatozoïdes seront toujours jeunes, tandis que si les femelles sont trop nombreuses, elles seront rarement fécondées, et leurs

démontrée par Düsing, et de quelques statistiques peu démonstratives, il ne reste rien de positif de toutes ces théories ». P. 347.

1. Fürtz conclut de 193 observations, où il a noté la date des dernières règles et celle de la conception, que, jusqu'au quatrième jour après les règles, les chances sont pour un garçon, et à partir de ce jour pour une fille. Mais, en raison de la complexité de ce phénomène, on peut trouver que les observations sont trop peu nombreuses pour conclure.

œufs seront vieux, double raison pour qu'il naisse des mâles. Dans le cas inverse, l'inverse se produit[1]. »

Voilà donc une cause constante, qui n'a rien d'accidentel ni d'indéterminé, et qui explique le rétablissement de l'équilibre par sa rupture même. Comme elle intervient dès que l'équilibre est rompu, la théorie fondée sur le calcul des probabilités ne vaut que dans l'hypothèse où l'équilibre se maintient : elle implique qu'il y a déjà égale répartition des sexes : or, c'est cela même qu'elle prétend expliquer : dans les cas où elle n'est pas utile, elle devient fausse.

Mais la théorie de Düsing nous semble à la fois trop schématique, et incomplète[2]. Infiniment supérieure à

1. Delage, *ibid.*, p. 346. Il ajoute : « Ces faits, que Düsing avance sans les expliquer, Hollingsworth a cherché à en trouver la cause, et propose l'explication suivante. Si la fécondation a lieu sur un œuf peu avancé, elle met plus longtemps à se parachever, et le spermatozoïde, restant longtemps dans l'œuf, est en quelque sorte féminisé par lui. Si elle a lieu sur un œuf très avancé, elle s'achève aussitôt, et le spermatozoïde n'a pas le temps d'être féminisé au contact du plasma féminin ». C'est très hypothétique. D'autre part, la théorie de Düsing n'explique pas les ressemblances croisées (le fait que la fille ressemble à son père, et inversement). Mais l'hypothèse de Hollingsworth est distincte de la théorie de Düsing : et, bien que celle-ci n'explique pas tout, elle reste valable pour ce qu'elle prétend expliquer.

2. Gini conteste que l'on puisse expliquer ainsi que l'équilibre une fois rompu se rétablisse de lui-même : « Comment compenser le manque d'hommes adultes par une surabondance de petits garçons ? » (*Livre cité*, p. 334 sqq.) L'objection ne vaut qu'en partie. Il ne s'agit pas, en effet, de brusques et tout accidentelles ruptures d'équilibre qui se trouveraient soudainement compensées, mais de causes durables, qui ne produisent toute leur action que progressivement : or, si cette action, à mesure qu'elle se développe, donne lieu à une tendance contraire, lorsqu'elle sera devenue le plus intense, celle-ci sera déjà assez forte pour en limiter sérieusement les effets. Il en sera de même d'une cause qui étend lentement son action à des groupes de plus en plus

toute théorie fondée sur les lois du hasard, elle est en défaut en ce qu'elle se présente comme une explication purement physiologique. D'abord, même sous ce rapport, elle est incomplète : lorsque la femme est jeune ou âgée, lorsque la différence d'âge entre les deux époux est grande ou petite en un sens ou l'autre, le spermatozoïde et l'œuf ne s'en trouvent-ils point affectés, et les conditions où ils « concourent » de même ? Mais, surtout, dans quelles conditions sociales le phénomène physiologique se développe-t-il ? Qu'il y ait dans la société polygamie, polyandrie, monogamie, ou simple promiscuité, les résultats seront-ils les mêmes ? — Sous un régime polygamique, on peut dire que l'hypothèse : plus de femmes que d'hommes, est réalisée dans le groupe de ceux qui ont plusieurs femmes. Alors, il devrait y avoir, de façon constante, dans la société où ce régime existe, une surproduction d'hommes. C'est ce qu'indiquent les statistiques (si on peut y ajouter foi) dans les pays mahométans. Il en résulterait, alors, qu'un grand nombre d'hommes ne peuvent avoir aucune femme. En tout cas, l'organisation sociale serait ici la cause constante d'une inégale répartition des sexes. — Le régime polyandrique semble impliquer qu'il y a déjà plus d'hommes que de femmes (pour des raisons qui peuvent être de nature sociale). Alors, si la théorie est juste, ce régime est essentiellement instable, puisque,

éloignés dans l'espace : la tendance compensatrice la suivra de près. — Il reste que, le problème étant de permettre à plus de couples de se former, des changements dans les institutions et dans les mœurs, qui faciliteront l'accès au mariage de tel ou tel sexe, y paraissent non moins propres que la procréation d'enfants du sexe le moins nombreux. Il faut donc faire leur part, qu'on accepte ou non la théorie biologique de Düsing, aux facteurs proprement sociaux.

les hommes fécondant plus rarement, les femmes étant fécondées plus souvent, il en doit résulter un excédent de naissances féminines, qui tend à rétablir l'équilibre[1]. — Sous le régime monogamique, au cas où le nombre des femmes augmente, que va-t-il se produire ? Ce sont les hommes non encore mariés, bien qu'en âge de l'être, qui vont être amenés à s'unir aux femmes qui viennent grossir le contingent de leur sexe ; c'est-à-dire que ce sont des hommes déjà plus ou moins âgés qui vont s'unir à des femmes jeunes : le nombre des mariages où la différence d'âge est grande augmentera ; et c'est surtout, pensons-nous, pour cette raison (mais la différence d'âge n'est peut-être qu'un moyen de réaliser l'autorégulation ; pour les enfants illégitimes, la théorie de Düsing peut jouer) que le nombre des naissances masculines augmentera[2].

1. Ou bien, si ce régime est maintenu artificiellement bien qu'il y ait, équilibre des sexes, la société où il se trouve établi est peut-être condamnée à s'éteindre. « A Sparte, il arrivait parfois, souvent peut-être (sur ce point nous ne sommes pas fixés), que des frères, vivant sous le même toit, n'avaient à eux tous qu'une seule et même femme. Cela était évidemment économique ; mais c'était surtout efficace pour prévenir l'excès des naissances. Un seul mâle suffit à féconder plusieurs femelles ; mais il est évident que plusieurs mâles, pour une seule femelle, ne peuvent pas la rendre plus féconde, et peut-être même font-ils l'effet contraire ». Paul Lacombe. *L'appropriation du sol.* Essai sur le passage de la propriété collective à la propriété privée, Paris, 1912, p. 72. Ce serait une des raisons qui expliquerait que le nombre des Spartiates ait passé, de 40.000 au milieu du VIIe siècle, à un millier au milieu du IVe, et à 700 un siècle plus tard (p. 67).

2. Quetelet, sans doute, fait aussi intervenir la différence d'âge des époux, mais seulement pour rendre compte de la légère prédominance des naissances masculines. L'équilibre des sexes résulterait des lois du hasard. — Pour nous, la différence d'âge expliquerait le rétablissement de l'équilibre quand il est rompu, l'autorégulation sous le régime monogamique. — Gini remarque

Ainsi, qu'on accepte la théorie de Düsing, ou qu'on s'attache surtout à la différence d'âge (et rien n'empêche de faire, à chacune de ces explications, sa part), on peut, par des causes constantes, et en partie de nature sociale, expliquer comment, dans les sociétés européennes, ou du même type, l'équilibre des sexes se maintient. Nous disons : causes de nature sociale ; car, dans la théorie de Düsing, il faut bien admettre que mâles et femelles sont les membres d'un groupe relativement fermé, où les individus obéissent à des besoins développés en eux à leur insu, et suivent des directions qui leur sont indiquées et dictées par le groupe tout entier, et qui varient avec lui. Et c'est de même sous l'influence de la société que les idées sur l'écart d'âge regardé comme normal, comme acceptable, dans le mariage, se forment et se modifient, comme c'est elle qui fixe la limite d'âge inférieure où le mariage est licite pour l'un et l'autre sexe, et qui peut l'abaisser ou l'élever suivant les circonstances. En tout cas, la supposition que cet équilibre résulte seulement du calcul des probabilités et de la loi des grands nombres apparaît à la fois obscure, mal fondée, et inutile.

Bien que Quetelet ait reconnu l'influence considérable que la société peut exercer sur le taux de la mortalité, pour lui la mort reste un phénomène essentiellement physique : le développement physiologique inégal de l'homme aux différents âges, les risques

que pour des raisons diverses, dans nos sociétés, le régime monogamique tend à produire un excédent de femmes qui aspirent au mariage. Il en résulterait, d'après nous, en moyenne, une différence d'âge des époux assez considérable pour compenser, au moins en partie, cet excédent, par la procréation d'un plus grand nombre d'enfants du sexe mâle.

auxquels l'expose l'intensité de ses passions (à base organique), ou, en particulier chez la femme, les fonctions de reproduction, sont pour lui les causes principales de la proportion des morts dans chaque groupe et pour chaque époque. — Ce point de vue est très discutable. Nous savons que la mortalité a nettement diminué depuis plus de cinquante ans, et que les femmes, et les personnes jeunes ou d'âge moyen ont le plus profité de ce recul. Ainsi, non seulement la société réduit en général le nombre des morts, mais elle modifie la valeur du tribut que chaque sexe et chaque âge est obligé de payer sous cette forme.

Quand on dit que la mort est un fait bien plus « fatal », et qui dépend bien moins de nous, de nos coutumes et de nos institutions, que le mariage, par exemple (bien que les mariages se produisent avec une régularité plus grande que les morts), on est victime d'une illusion. On oublie que la mort, et l'âge où elle se produit, résulte avant tout de la vie, des conditions où elle s'est déroulée, et que ces conditions sont sociales au moins autant que physiques. Ne nous arrêtons pas à la notion de mortalité générale qui est des plus vagues. Si on étudie la mortalité par profession, ou par taux de revenu, on trouve des rapports et des régularités non moins frappantes que lorsqu'on l'étudie par sexe ou par âge. Est-ce à dire qu'il faille s'en tenir aux « causes économiques » de la mortalité ? Non. Mais la mort est un phénomène bien plus complexe qu'il ne semble : ou, plutôt, on groupe sous ce nom divers phénomènes qui doivent, en réalité, être étudiés par autant de sciences différentes. Pour le biologiste, la mort est un phénomène vital, et doit être expliquée par d'autres phénomènes vitaux : ceux-ci peuvent être concomitants, d'ailleurs, de phénomènes sociaux, (l'affaiblissement de l'organisme, par exemple, par suite de l'extrême pauvreté, ou du surtravail), comme ils peuvent aussi ne pas l'être. Il importe peu au biologiste : la nature physiologique de la mort, et ses rapports avec les autres modifications organiques n'en sont pas changés. De même, la mort est, par certains côtés, un phénomène économique. La force de travail de l'homme est une richesse : là où la mort sévit avec intensité, la société subit des pertes graves, soit qu'elle repose sur l'esclavage, soit qu'il ne lui soit pas très facile de remplacer la main-d'œuvre nationale déficiente par des étrangers. Mais cette perte est de même nature que beaucoup d'autres, qui résultent de grèves, de crises, de l'épuisement des richesses naturelles : il importe peu à l'économiste qu'elle soit concomitante du phénomène vital, ou social, qui s'appelle la mort. Enfin, la mort est, en effet, un phénomène social en un sens plus général : elle modifie la forme, la densité et la contexture du corps social, elle est un des éléments qui déterminent ses transformations sous ce rapport, et elle doit être étudiée en même temps que d'autres éléments qui exercent la même action, par exemple que les naissances. On est tout à fait fondé à rechercher quel rapport existe entre les variations de la natalité et de la mortalité dans un groupe, sans s'occuper d'ailleurs des conditions économiques ou physiologiques qui les accompagnent : car ces conditions pourraient être tout autres, le rapport demeurant le même.

On a remarqué de bonne heure qu'il y a, en beaucoup de cas, un parallélisme très net entre les naissances et les morts. Natalité et mortalité croîtraient et décroîtraient simultanément : d'où la formule : la mort mesure la vie, et la vie, la mort[1]. Sans l'expliquer par l'état économique, sans assimiler, comme Malthus, la vie à un banquet où les places sont en nombre limité, sans dire, comme Achille Guillard, que « là où il y a un pain, il naît un homme », M. Bertillon croit qu'il suffit d'invoquer la tendance à combler les vides, déterminée, dans la société, par les décès qui s'y produisent. Tout décès tendrait naturellement à provoquer une naissance, quel que fût l'âge du décédé. Les parents veulent remplacer un enfant mort. La mort d'un adulte laisse un emploi vacant : d'où un nouveau ménage, et au moins un nouvel enfant. Un vieillard est une charge, qui empêche peut-être ses enfants de se marier : son héritage facilite, en tout cas, leur établissement.

Mais de telles raisons ne valent que si on suppose que l'importance attribuée à la vie humaine, dans la société considérée, ne varie pas. Or, telle nous paraît bien être la cause essentielle des variations de la mortalité et de la natalité, ainsi que de leur équilibre, là où il se produit. On a remarqué que, dans les régions où la mortalité est très forte, et que l'émigration dépeuple, dans l'Italie du sud par exemple, la natalité est aussi très élevée[2]. La vie est peu importante, parce qu'elle se reproduit abondamment. Au reste, le jugement de la société sur la

1. Voir les articles de J. Bertillon, *Sur le parallélisme des mouvements de population dans les différents pays de l'Europe*, et de Lowenthal, *Essai sur les rapports entre la mortalité et la natalité*. Journal de la Société de Statistique, octobre 1904, janvier, février et mars 1905.

2. Gonnard (René). *L'émigration européenne au XIXe siècle*, Paris, 1906.

vie peut varier sous plusieurs rapports ; dans les pays neufs, les adultes sont le plus nécessaires, et tout l'effort de la société sera d'intensifier la natalité; dans des pays où la population est plus dense, où les hommes âgés ne sont pas moins utiles et peuvent l'être plus que les jeunes, son effort sera de prolonger la vie, et se trouvera dirigé contre la mortalité. La lutte contre la mortalité, les progrès de la médecine et de l'hygiène, et les améliorations dans les conditions générales de la vie humaine ont pu venir d'abord ; la société aurait toléré alors une réduction de la natalité. Peut-être la diminution du nombre des naissances, la prévision de cette diminution a-t-elle été au contraire la cause de ces améliorations et de ces progrès. Quoi qu'il en soit, il y a bien des raisons de penser qu'une société a, en général, la mortalité qui lui convient, que le nombre des morts, et leur répartition aux différents âges exprime bien l'importance qu'attache une société à ce que la vie soit plus ou moins prolongée.

Quetelet comparerait volontiers les morts aux chutes de balles lancées par un homme qui représenterait la nature; la distance parcourue par chaque balle représenterait la vie de chaque homme. Si on suppose que tous ces jets sont indépendants l'un de l'autre, que l'homme qui lance les balles ne contracte pas d'habitudes, mais qu'il cherche toujours à atteindre le même but, les balles tomberont assez régulièrement de part et d'autre du but autour duquel elles se tasseront. Il en serait de même de la durée de la vie; la durée moyenne de la vie résulterait ainsi des lois du hasard, à travers le jeu desquelles transparaît seulement l'influence constante de la nature. Mais, en réalité, les « jets » ne sont pas indépendants l'un de l'autre. De même que, comme nous l'avons vu quand nous parlions de l'équilibre des sexes, les naissances nouvelles sont dépendantes des naissances antérieures, de même les morts nouvelles dépendent des morts passées, puisque l'importance attachée par la société à la conservation et à la prolongation de la vie varie surtout en raison du nombre de ses habitants. Le résultat de l'action sociale peut être de préserver surtout de la mort les âges, les classes et groupes sociaux aussi, qui s'y trouvent le plus exposés. De telles égalisations corrigent et contrarient de plus en plus le jeu des seules forces naturelles. La loi des grands nombres ne s'applique plus lorsqu'à la multitude indéfinie des individus, de leurs organisations physiques et de leurs actes, se trouvent substitués des groupes et des forces sociales en nombre plus ou moins limité, et qui d'ailleurs agissent et réagissent sans cesse les uns sur les autres.

M. Bertrand dit : « Le rapport du nombre des décès à la population n'a pas été moins soigneusement étudié que celui des naissances. Les Compagnies d'assurances ont intérêt à le connaître et à en grossir l'évaluation. La statistique le montre à peu près constant. Les variations, quoique petites, sont supérieures à celles du rapport des naissances des deux sexes. L'assimilation à des boules tirées d'une urne de composition invariable n'est donc pas acceptable. La vicissitude des événements règle sans cesse la composition de l'urne. Tantôt c'est le choléra qui passe et y verse des boules noires. Ce sont des eaux plus pures et plus fraîches qui apportent des boules blanches. C'est la disette qui rend les maladies plus abondantes et plus graves, la guerre qui accroît les mauvaises chances dans l'urne sans cesse renouvelée[1]. » On s'étonnerait, dans ces conditions, que la proportion des décès à la population témoignât, « par hasard », d'une constance même approchée. Mais des causes sociales constantes interviennent, et par leur influence s'expliquent ces régularités.

1. *Calcul des probabilités*, p. XXIX.

CHAPITRE IV

L'HOMME MOYEN MORAL

MARIAGES, CRIMES ET SUICIDES

« La loi des causes accidentelles, dit Quetelet[1], est une loi générale qui s'applique aux individus comme aux peuples, et qui régit nos qualités morales et intellectuelles aussi bien que nos qualités physiques. » Il répète souvent, dans sa *Physique sociale*, qu' « on ne s'est guère occupé d'étudier l'homme moral et intellectuel dans son développement progressif, ni de reconnaître comment, à chaque âge, il est influencé par l'homme physique qui lui imprime son action »[2]. Pour lui « l'action individuelle de l'homme [dans les phénomènes] peut être considérée comme sensiblement nulle »[3]; « les volontés individuelles se neutralisent au milieu des volontés générales »[4]. « Dans la plupart des phénomènes sociaux qui dépendent uniquement

1. *Du système social*, etc., 1848, p. IX.

2. T. I, p. 92.

3. *Physique sociale*, t. I, p. 108.

4. *Ibid* p. 100. « On dira peut-être que l'esprit d'un prince conquérant peut causer des fléaux immenses... Ce sont des modifications passagères, des années malheureuses... Encore faut-il observer qu'un prince n'agit pas comme individu, mais comme représentant de toute une nation qui le met en état d'agir dans des limites plus ou moins larges » (p. 108, note).

de la volonté humaine, les faits se passent avec le même ordre et quelquefois avec plus d'ordre encore que ceux qui sont purement physiques[1]. » Il dit encore : « Il me semble que tout ce qui se rapporte à l'espèce humaine considérée en masse est de l'ordre des faits physiques ; plus est grand le nombre des individus, plus la volonté individuelle s'efface et laisse prédominer les séries des faits généraux qui dépendent des causes générales par suite desquelles la société existe et se conserve. Ce sont ces causes que nous cherchons à déterminer, et quand nous les connaîtrons nous déterminerons leurs effets dans la société comme nous déterminons les effets par les causes dans les sciences physiques [2]. »

L'étude des mariages ou, comme on dit maintenant, de la nuptialité, nous introduit dans la statistique morale. A la différence des naissances et des décès, ils paraissent en effet dépendre du libre arbitre bien plus que de lois naturelles nécessaires et comme d'une fatalité externe. D'autre part, ils doivent retenir d'autant plus l'attention du savant qu'il s'agit ici de faits « qui sont rigoureusement comparables entre eux, et dont l'énumération est aussi complète qu'on peut le désirer[3] ». Or, on remarque que « le mariage, qui se contracte le plus souvent dans les circonstances en apparence les plus capricieuses et les plus fortuites... suit une marche si régulière que les nombres annuels se reproduisent avec une constance plus grande que

1. *Ibid.*, p. 107.

2. *Recherches sur le penchant au crime*, p. 80-81.

3. *De l'influence du libre arbitre de l'homme sur les faits sociaux, et particulièrement sur le nombre des mariages*. Bulletin de la Commission centrale de statistique, t. III, 1847, p. 137.

la plupart des phénomènes naturels où notre libre arbitre n'intervient en aucune façon[1] ». En effet, de 1825 à 1845, « la population belge a payé son tribut au mariage avec plus de régularité qu'à la mort ». Si l'on distingue les mariages suivant qu'ils sont contractés à la ville ou à la campagne, entre garçons et filles, garçons et veuves, veufs et filles, veufs et veuves, on trouve une constance surprenante ; elle s'observe jusque dans les provinces, bien que les nombres y soient plus faibles[2]. Mais le résultat le plus inattendu est celui qu'on obtient en classant les mariages d'après les âges auxquels ils sont contractés. On retrouve la même constance. Ainsi le nombre des hommes de vingt-cinq à trente ans qui se sont mariés pendant les années 1841-1845 a été, pour les villes : 2.681, 2.655, 2.516, 2.698, 2.698 ; celui des femmes : 2.119, 2.012,

1. *Sur l'homme et les lois de son développement*, dans l'Annuaire de l'Observatoire de Bruxelles, 1840, p. 238-239. Cité par Lottin, p. 428, en note. « En 1832 il avait constaté que le nombre des mariages varie dans des limites plus larges que les crimes, les naissances et les décès. Pénétré de cette idée, il passe, inattentif, à côté de la constance qui s'accusait dans les tableaux qu'il transcrit en 1835. Ce n'est qu'en 1839 qu'il constate la régularité avec laquelle les mariages se contractent d'année en année. » Lottin, p. 162.

2. *De l'influence*, etc. Il dira plus tard : « En Belgique, pendant les dix années de 1857 à 1866, on a compté annuellement pour un mariage à peu près le même nombre d'habitants. Le rapport, qui était en 1855-1856 de 1 à 132, a diminué progressivement jusqu'en 1862 où il n'était plus que de 1 à 142, pour augmenter encore jusqu'en 1868 où il a paru revenir vers sa valeur première... La variabilité dans le nombre des mariages doit étonner par sa faiblesse... Cette régularité n'est pas moins étonnante que celle que j'ai fait remarquer depuis longtemps dans l'âge des mariés. Il en résulte qu'un des actes de l'homme qui, au premier abord, semble devoir être exposé aux plus fortes perturbations est au contraire de la régularité la plus grande. » *Physique sociale*, 1869, t. I, p. 258-261.

1.981, 2.120, 2.133. Et il en est de même pour les autres âges. Si on classe maintenant les mariages en tenant compte de l'âge des deux époux, la régularité subsiste, même lorsqu'il s'agit de mariages qu'on pourrait trouver anormaux à raison de la forte différence d'âge. Si bien que Quetelet peut écrire : « Non, sans doute, le jeune homme de moins de trente ans qui épousait une femme plus que sexagénaire n'était point poussé à cette union par une fatalité, ni par une aveugle passion ; il était mieux qu'aucun autre en position de raisonner, et d'exercer son libre arbitre dans toute sa plénitude ; cependant il est venu payer son tribut à cet autre budget... qui a été payé avec plus de régularité que celui qu'on paye au trésor de l'État[1]. »

De ces observations, on peut conclure que tout se passe comme si la volonté individuelle était soumise, lorsqu'il s'agit du mariage, à des nécessités qui, demeurant les mêmes d'année en année, déterminent périodiquement les mêmes effets. « De ce point de vue, la régularité que nous remarquons dans les mariages doit s'expliquer non par la volonté des individus, mais par les habitudes de cet être concret que nous appelons un peuple, et que nous considérons comme doué d'une volonté propre et d'habitudes dont lui-même ne se libère qu'avec difficulté... Tout se passe comme si un peuple avait décidé de contracter chaque année exactement le même nombre de mariages, et de les répartir dans les mêmes proportions entre les différentes provinces, entre la ville et la campagne, entre

1. *De l'influence*, etc., p. 143, sqq. Cité par Lottin, p. 430. Il remarque aussi que chaque année, aux époques du carême et de l'avent, le nombre des mariages subit une forte diminution.

les garçons, les filles, les veufs et les veuves[1]. » Quant aux différences qui apparaissent entre les pays sous ce rapport, elles s'expliquent par des « causes morales qui existent hors de l'individu et sont particulières à chaque peuple[2]. » Ces causes morales n'ont pas essentiellement un caractère de fixité, comme les causes naturelles ; elles sont soumises à des fluctuations ; elles varient avec le temps. C'est que chaque peuple « possède également son individualité et l'on pourrait dire son libre arbitre[3]. »

*
* *

L'idée de soumettre à la mesure les qualités morales de l'homme soulève bien des objections. « L'homme, dit Quetelet, apporte en naissant les germes de toutes les qualités qui se développent successivement et dans des proportions plus ou moins grandes... Le fait seul que nous remarquons ces écarts quand ils existent prouve déjà que nous avons le sentiment d'une loi générale de développement, et que même nous en faisons usage dans nos jugements. Je n'entreprends donc rien de nouveau, sinon de donner plus de précision à ces remarques[4]. » Mais cela est-il possible ?

1. *Statistique morale*, p. 138-142.

2. *Ibid.* « Il existe chez un peuple une certaine tendance au mariage qui ne dépend pas plus du caprice d'un individu que de celui d'un autre... Sans doute les coutumes, les préjugés, les convenances et d'autres causes morales peuvent avoir de l'influence ; mais ces causes ne dépendent pas de quelques individus isolés, elles appartiennent à la nation. » *Physique sociale*, t. II, p. 321.

3. *De l'influence du libre arbitre*, etc., p. 141.

4. *Physique sociale*, t. II, p. 151.

Quetelet remarque qu'on peut exprimer par des nombres les qualités de l'homme :

« 1° Quand les effets peuvent être estimés au moyen d'une mesure directe qui fasse connaître leur degré d'énergie. » Tels sont les effets « produits par la force, la vitesse, l'activité appliquée à des ouvrages matériels d'une même nature.

2° Quand ces qualités sont telles que leurs effets sont à peu près les mêmes, et qu'elles sont en rapport avec la fréquence de ces effets : par exemple la fécondité des femmes, l'ivrognerie, etc. »

3° Enfin, « quand les causes sont telles qu'il faille avoir égard autant à la fréquence des effets qu'à leur énergie (quoique les difficultés deviennent alors très grandes, et même insolubles dans plusieurs cas d'après le peu de données que nous possédons) » : par exemple le courage, la prudence, l'imagination. — « La question se simplifie le plus souvent lorsque les effets varient quant à l'énergie, mais se présentent néanmoins, sous leurs différentes modifications, dans des proportions à peu près semblables. On peut alors faire abstraction de l'énergie, et n'avoir égard qu'à la fréquence. » Tel est le cas pour le vol, pourvu que les observations soient nombreuses[1].

Il semble bien impossible, par contre, de mesurer le génie ou le courage de différents hommes. Il faudrait mettre les hommes que l'on compare dans une position également favorable à l'accomplissement d'actes courageux, tenir compte chaque fois de ces actes, enfin « en recueillir un assez grand nombre pour que le jugement qu'on veut porter s'éloigne le moins

1. *Ibid.*, t. II, p. 148-150.

possible de la vérité ». Les difficultés, ici, ne sont-elles pas insurmontables ? Mais supposons que les deux individus que l'on compare représentent, en France, l'un l'ensemble des hommes de vingt et un à vingt-cinq ans, l'autre l'ensemble des hommes de trente-cinq à quarante ans. Aux actes de courage, substituons les vols qui relèvent des tribunaux criminels. Nous pourrons alors calculer le « penchant au vol » pour chaque âge. « Supposons maintenant que la société, dans un état parfait, prenne un jour soin d'enregistrer et d'apprécier les actes de courage et de vertu, comme on le fait aujourd'hui à l'égard des crimes... L'absurdité qu'on trouve dans l'appréciation de ce rapport pour l'homme moyen est donc plus apparente que réelle[1]. »

« Rien au premier abord, dit Quetelet, ne semblerait devoir être moins régulier que la marche du crime ; rien surtout ne semblerait devoir échapper plus à toute prévision humaine que le nombre des meurtres, par exemple, puisqu'ils se commettent en général à la suite de rixes qui naissent sans motif et dans les rencontres en apparence les plus fortuites. Cependant l'expérience prouve que non seulement les meurtres sont annuellement à peu près en même nombre, mais encore que les instruments qui servent à les commettre sont employés dans les mêmes proportions... Il est un budget qu'on paie avec une régularité effrayante, c'est celui des prisons, des bagnes et des échafauds ; c'est celui-là surtout qu'il faudrait s'attacher à réduire[2]. »

1. *Ibid.*, t. II, p. 144-147.

2. *Recherches sur le penchant au crime aux différents âges.* Nouveaux Mémoires, t. VII, 1832, p. 79-81. C'est l'étude la plus importante que Quetelet ait rédigée sur les crimes. Il y étudie

L'expression : « penchant au crime » a été définie par lui avec une grande précision. « En supposant les hommes placés dans les mêmes circonstances, je nomme penchant au crime la probabilité plus ou moins grande de commettre un crime[1]. Les circonstances doivent être semblables, soit par l'existence d'objets propres à exciter *la tentation*, soit par *la facilité* de commettre le crime. » — Cela limite déjà singulièrement la portée des comparaisons internationales. « Le penchant au crime pourrait paraître le même en Angleterre et en France sans que, pour cela, la moralité fût la même. » — D'autre part, pour que la mesure du penchant au crime soit possible, il faut admettre qu'il existe un rapport à peu près invariable entre la somme des délits connus et jugés et la somme totale inconnue des délits commis. Ce rapport varie néces-

le penchant au crime en général, et l'influence qu'exercent sur lui l'éducation, le climat, les saisons, le sexe et l'âge. Dans les *Recherches statistiques sur le royaume des Pays-Bas*, Nouveaux Mémoires, t. V, 1829, il avait déjà étudié, en France et aux Pays-Bas, le rapport du nombre des condamnés à celui des accusés, la répartition des crimes suivant l'âge et le sexe, le nombre des crimes contre les personnes et contre les propriétés commis par les personnes de chaque groupe d'âge. Le *Compte général de l'administration de la justice en France*, publié en 1827, fut la source essentielle de ce premier ouvrage. Sur les rapports qui s'établirent entre le Français Guerry et Quetelet, sur leur part respective dans l'élaboration de la statistique morale, voir Lottin, p. 128-139. Il écrit enfin dans sa *Physique sociale*, (1869) : « En publiant la 1re édition de ma *Physique sociale*, en 1834 et 1835, je crus devoir donner une place spéciale à la statistique des crimes. J'y trouvai, sous un cadre frappant, la preuve la plus marquante de mes idées sur la grandeur et sur la fixité des lois relatives à l'homme continuant à vivre sous la même législation... Aujourd'hui je ne pense pas avoir à changer aucune des conclusions auxquelles me conduisit cet examen », T. II, p. 249, en note.

1. *Physique sociale*, t. II, p. 249.

sairement selon la nature et la gravité des crimes. Il va en décroissant, des meurtres, tous connus, jusqu'aux délits dont on souffre peu et qui laissent peu d'indices. Il dépend donc de l'activité de la justice, du soin que mettent les coupables à se cacher, de la répugnance des lésés à se plaindre, ou de leur ignorance du tort qui leur est fait. Toutes ces causes demeurant les mêmes, mais alors seulement, leur effet, c'est-à-dire ce rapport, demeurera invariable. On est fondé d'ailleurs à admettre qu'il en est bien ainsi, quand on observe la constance étonnante avec laquelle se reproduisent annuellement les nombres qui se rapportent à la statistique des crimes[1].

Quelles sont les causes de la criminalité? Quetelet ne s'attarde pas à déterminer l'influence de l'instruction, ou de la pauvreté : les résultats des statistiques sont insuffisants à cet égard. Dans la classe la plus éclairée, on trouve plus d'aisance, mais sans doute non moins de passions, de sentiments de haine et de vengeance. « C'est de l'instruction morale qu'il faudrait tenir compte, car bien souvent l'instruction qu'on reçoit aux écoles n'offre qu'un moyen de plus pour

1. « J'ignore, et je ne saurai jamais, dit-il, si le nombre des crimes sur lesquels les tribunaux ont à prononcer forme le sixième, le septième ou telle autre partie que l'on voudra du nombre total des crimes. Ce qu'il importe de savoir, c'est que ce rapport ne varie pas d'une année à l'autre... La Belgique, avant 1830, ne donnait que le nombre officiel des crimes connus et poursuivis. Elle a publié depuis, pour les sept années de 1833 à 1839, le nombre des crimes connus mais qui sont restés sans poursuite parce que les auteurs étaient inconnus. Or ce dernier nombre a procédé d'année en année avec plus de régularité encore que celui des crimes poursuivis. Nul doute que la troisième catégorie [les crimes inconnus] ne présentât la même régularité, si l'on parvenait jamais à la connaître. » *Lettres sur la théorie des probabilités*, p. 323 sqq.

commettre les crimes[1]. » D'autre part, on trouve quelquefois le plus de moralité là où il y a le plus de pauvreté. « Ce sont les brusques alternatives d'un état à l'autre, du bien-être à la misère, qui donnent naissance au crime, surtout si ceux qui en souffrent sont entourés de sujets de tentation, et se trouvent irrités par l'aspect continuel du luxe et d'une inégalité de fortune qui les désespère[2]. »

Les races, et les saisons, retiennent d'abord Quetelet. « La race pélagienne, répandue sur le versant méditerranéen et dans la Corse, se livre particulièrement à des attentats contre les personnes. Chez la race germanique, qui s'étend sur l'Alsace, le duché du Bas-Rhin, une partie de la Lorraine et des Pays-Bas, où le grand nombre de personnes et de choses fait naître plus d'occasions de commettre des crimes, où l'usage des boissons est fréquent..., on compte généralement beaucoup de crimes contre les propriétés et les personnes. Il en est de même des Bataves et des Frisons. La race celtique paraît la plus morale des trois races considérées, surtout en ce qui concerne les crimes contre les personnes : elle occupe la plus grande partie de la France et la partie wallonne de la Belgique[3]. » D'autre part, l'influence des saisons est

1. *Physique sociale*, t. II, p. 278.

2. *Ibid.*, t. II, p. 279.

3. *Ibid.*, t. II, p. 280. Il y a des anomalies apparentes, par exemple une grande criminalité dans le bassin de la Seine : elle s'explique par l'intensité des mouvements de population et le grand nombre des établissements industriels dans cette région. S'il y a une forte criminalité dans le bassin du Rhône, c'est que la race pélagienne a dû y pénétrer. L'augmentation des crimes contre les propriétés à mesure qu'on va vers le Nord tient à l'inégalité croissante des richesses.

incontestable. « L'époque du maximum pour le nombre des crimes contre les personnes coïncide à peu près avec l'époque du minimum du nombre des crimes contre les propriétés, et se présente en été... Au contraire, le minimum pour le nombre des crimes contre les personnes et le maximum du nombre des crimes contre les propriétés se présentent en hiver [1]. » Cela peut s'expliquer par le fait qu'en été les rapports entre les hommes sont plus fréquents, et les passions plus violentes. Quetelet remarque, à ce propos, qu'il existe un rapport direct entre le penchant aux crimes contre les personnes et les dispositions à l'aliénation mentale. « L'existence de ce rapport, ajoute-t-il, prend plus de probabilité, si l'on considère qu'on retrouve encore la même coïncidence en ayant égard à l'influence de l'âge [2]. » Le physique exercerait donc sur le moral une influence décisive.

S'il en est ainsi, il faut prévoir que la criminalité des deux sexes sera différente, et il peut être intéressant d'expliquer ces différences par les propriétés physiques et morales de l'un et de l'autre. — Voici une première remarque qui montre bien jusqu'où Quetelet pousse la préoccupation d'appliquer la mesure au penchant au crime. On compte 23 femmes criminelles pour 100 hommes. Doit-on en conclure que les hommes sont quatre fois aussi criminels que les femmes (que leur penchant au crime est quatre fois aussi fort que chez elles) ? Mais 26 femmes pour 100 hommes ont été accusées de crimes contre les propriétés, 16 femmes pour 100 hommes, de crimes contre les personnes. Or « il est à remarquer que le rapport de 16 à 26 est à peu

1. *Ibid.*, t. II, p. 287-288.
2. *Ibid.*, t. II, p. 287, en note.

près le même que celui qui existe entre les forces de l'homme et celles de la femme ». Si les femmes commettent si peu de crimes contre les personnes, serait-ce donc surtout faute de forces ?

« Il faut, pour commettre un crime, qu'on réunisse ces trois qualités essentielles : le vouloir, qui dépend de la moralité, l'occasion, et la facilité d'agir. Or, ce qui fait que la femme a bien moins de penchant au crime que l'homme, c'est qu'elle est surtout retenue par le sentiment de la honte et de la pudeur quant au moral, par son état de dépendance et ses habitudes retirées quant à l'occasion, et par sa faiblesse physique quant à la facilité d'agir[1]. » Quelquefois, ces trois « freins » agissent ensemble, par exemple dans le cas des viols et des attentats à la pudeur. Dans les empoisonnements, le nombre des accusés est à peu près le même pour les deux sexes. « Quand, pour détruire son semblable, il faut avoir recours à la force, les femmes accusées deviennent moins nombreuses, et leur nombre diminue d'autant plus qu'il faut aller chercher sa victime plus loin et plus ouvertement. Aussi ces sortes de crimes se produisent dans l'ordre suivant : infanticides, avortements, parricides, blessures envers ascendants, blessures et coups, meurtres[2]. » L'ordre décroissant des vols commis par les femmes est le suivant : vols domestiques, vols dans les églises, vols en général, vols sur les chemins publics.

En somme « la différence de moralité entre l'homme et la femme est moins grande qu'on ne le pense généralement, excepté sous le rapport de la pudeur ».

1. *Ibid.*, t. II, p. 291.
2. *Ibid.*, p. 292-294.

L'influence des habitudes sédentaires de la femme se manifesterait surtout dans les cas où ni la force, ni la pudeur n'interviennent, comme dans les vols, les faux témoignages, les banqueroutes frauduleuses : le rapport de ces crimes commis par les hommes à ceux que commettent les femmes serait de 1 à 5 ou 6. L'influence de la force, dans les cas où ni les habitudes sédentaires, ni la pudeur ne sont à invoquer, doit être proportionnelle à la force même de l'homme et de la femme : le rapport de ces forces est comme 1 est à 2, à peu près : c'est le rapport qui se relève pour le parricide. Dans certains crimes, il faut tenir compte à la fois de la force et de la vie plus retirée de la femme : tels sont l'assassinat, ou le vol sur un chemin public : il faut alors multiplier le rapport de sa force (à celle de l'homme), soit $\frac{1}{2}$, par le rapport de son degré de dépendance (à celui de l'homme), soit $\frac{1}{5}$, ce qui donne $\frac{1}{10}$, pour obtenir le rapport attendu du nombre des crimes de ce genre qu'elle commettra à ceux dont l'homme se rendra coupable : c'est bien ce qui ressort des faits : la table dressée par Quetelet donne, pour les assassinats, le rapport de $\frac{12}{100}$, pour les vols sur un chemin public, le rapport de $\frac{8}{100}$. Les meurtres[1], coups et blessures sont encore influencés par l'habitude des boissons et des rixes : aussi les femmes s'en rendent-elles le moins souvent coupables. L'adultère, les dissensions domestiques et la jalousie déterminent à peu près le même nombre d'empoisonnements dans

1. Plus du tiers des meurtres sont commis à la suite de querelles et de rixes au cabaret.

les deux sexes. Mais le nombre des meurtres des femmes par leurs maris est plus grand que l'inverse.

Au reste, cette différenciation des deux sexes varie suivant le niveau social. « Je crois, dit Quetelet, que, dans les classes inférieures où l'instruction est à peu près nulle, les habitudes des femmes se rapprochent plus de celles des hommes, et que, plus on s'élève dans les classes de la société, et par conséquent dans les degrés de l'éducation, plus la femme contracte une vie retirée, et moins elle a l'occasion de commettre de crimes[1]. »

L'âge peut être considéré comme « la cause la plus énergique » du crime. On pouvait le prévoir : le développement de l'homme au cours de la vie individuelle est continu, sous le rapport de la force, des passions et de la raison ; or « le penchant au crime aux différents âges serait surtout fonction de ces trois quantités... et se déterminerait par elles si elles étaient suffisamment connues[2]. »

Le degré du penchant au crime à chaque âge est représenté par le rapport du chiffre total des crimes commis à chaque âge au chiffre de la population de cet âge. En le calculant pour beaucoup d'années, et pour beaucoup de pays, on trouve que la grandeur et l'époque du maximum varient sans doute suivant les pays, mais dans des limites plus resserrées que celles qu'on trouve pour les tables de mortalité[3]. « Je crois

1. *Ibid.*, p. 297.

2. *Ibid.*, p. 299-300.

3. « Le crime d'ailleurs a varié dans des limites moins larges que ne le fait généralement la mortalité..... Le libre arbitre ne laisse dans les documents recueillis par la justice aucune trace de son influence. » *Ibid.*, p. 336-337.

devoir regarder, dit-il, l'échelle des divers degrés du penchant au crime pour les différents âges de l'homme comme méritant autant de confiance que les échelles que j'ai données précédemment pour la taille ou pour le poids et la force de l'homme, ou celles enfin qu'on a calculées pour la mortalité [1]. »

Bien que, d'après lui, le penchant au crime se développe à peu près de même chez l'homme et la femme, et que l'âge soit, sous ce rapport, « le point sur lequel il y a le moins de dissemblance entre les deux sexes », il importe de remarquer que les femmes entrent un peu plus tard que les hommes « dans la carrière du crime », et en sortent plus tôt. Le maximum du penchant au crime se place vers vingt-cinq ans chez les hommes en Belgique, vers vingt-trois à vingt-quatre ans en France. La courbe s'abaisse régulièrement ensuite jusqu'à la fin de la vie [2]. Il en est de même pour les différents pays : il est aisé d'ailleurs de déterminer les causes locales qui rendent compte des différences. « Cet exemple est, sans doute, un des plus remarquables qu'on puisse citer pour montrer combien les causes morales présentent de fixité, et témoignent de l'ordre admirable établi dans les lois de la nature [3]. » Et Quetelet n'hésite pas à résumer ses observations (pour la France) ainsi : « de vingt et un à vingt-cinq ans le penchant au crime est double de ce qu'il est vers quarante-cinq ans, quadruple de ce qu'il devient vers cinquante-cinq ans, décuple de ce qu'il est entre

1. *Ibid.*, p. 308.

2. La décroissance régulière du nombre des accusés en France à partir de 25 à 30 ans se produit sans aucune exception (d'une catégorie à l'autre) pour toutes les années 1826-1844.

3. *Ibid.*, p. 304.

soixante-dix et quatre-vingts ans... Il s'amortit faiblement jusqu'à trente ou quarante ans, puis de manière plus rapide jusqu'à la fin de la vie[1]. »

Mais il faut distinguer encore les principales catégories de crimes. Pour plusieurs d'entre eux, l'époque du maximum se trouve avancée ou retardée de quelques années. Cela tient au développement précoce ou tardif des qualités qui sont en rapport avec ces crimes. Ainsi, les crimes qui se produisent presque le plus tôt sont les viols et les attentats à la pudeur : ils s'expliquent par « le feu des passions dans l'adolescence » ; il est vrai que la courbe des viols sur des enfants au-dessous de quinze ans se relève entre soixante et soixante-cinq ans, et entre soixante-dix et quatre-vingts ans. Quand il s'agit de crimes contre les propriétés, le maximum s'observe (en France) dès l'âge de vingt-trois ans : « le penchant au vol, qui est un des premiers à se manifester, domine en quelque sorte pendant toute notre existence : on serait tenté de le croire inhérent à la faiblesse humaine » ; le vol est d'abord domestique, puis il se commet au dehors, et en dernier lieu sur les chemins publics. Le maximum des crimes contre les personnes se place vers vingt-cinq ans en France (vers vingt-huit ans pour les coups et blessures). Dans la jeunesse, le penchant aux crimes contre les propriétés est de cinq à six fois aussi grand que le penchant aux crimes contre les personnes. Ce rapport décroît, présente un minimum entre vingt-cinq et trente ans, et croît de nouveau jusqu'à quarante-trois ans : l'égalité tend à s'établir vers la fin de la vie. L'âge amortit graduellement toutes ces tendances.

1. *Ibid.*, p. 341.

Voici comment Quetelet résume tous ces résultats : « Aux premiers excès des passions, de la cupidité, de la force, se joint bientôt la réflexion qui organise le crime, et l'homme, devenu plus froid, préfère détruire sa victime en recourant à l'assassinat ou à l'empoisonnement. Enfin ses derniers pas dans la carrière du crime sont marqués par la fausseté qui supplée en quelque sorte à la force. C'est vers son déclin que l'homme pervers présente le spectacle le plus hideux ; sa cupidité, que rien ne peut éteindre, se ranime avec plus d'ardeur et prend le masque du faussaire ; s'il use encore du peu de forces que la nature lui a laissées, c'est plutôt pour frapper son ennemi dans l'ombre ; enfin si ses passions dépravées n'ont pas été amorties par l'âge, c'est sur de faibles enfants qu'il cherchera à les assouvir [1]. »

Les suicides offrent la même régularité et doivent dépendre des mêmes causes que les crimes en général. C'est ce que Quetelet a constaté en prenant les chiffres des suicides pour la France pendant dix années (1835 à 1844) par âge. « Nous trouvons annuellement à peu près le même nombre de suicides, non seulement en général, mais encore en faisant la distinction des sexes, celle des âges, ou même celle des instruments employés pour se détruire. Une année reproduit si fidèlement les chiffres de l'année qui l'a précédée qu'on peut prévoir ce qui doit arriver dans l'année qui va suivre [2]. » Et il insiste sur les rapports qui se découvrent entre le suicide et l'aliénation mentale : « l'été paraît exercer une influence plus grande que les autres saisons sur le nombre des

1. *Ibid.*, p. 307.
2. *Ibid.*, p. 243.

suicides, comme il en exerce une sur le nombre des aliénations mentales, et sur les crimes contre les personnes[1] ». Le penchant au suicide, qui existe dès l'enfance, croît sensiblement vers l'âge adulte, et va toujours en augmentant jusqu'à la vieillesse la plus reculée : son développement est parallèle à celui de l'intelligence et de la disposition à la folie. Il y a d'ailleurs de grosses différences dans la proportion des suicides quand on passe d'un pays à l'autre.

Les données que Quetelet avait à sa disposition ne lui permettaient pas de pousser plus loin l'étude de ces faits. Il n'en concluait pas moins : « l'homme, en général, procède avec la plus grande régularité dans toutes ses actions. Qu'il se marie, qu'il se reproduise ou qu'il se tue, qu'il attente à la propriété ou à la vie de son semblable, toujours il semble agir sous l'influence de causes déterminées et placées en dehors de son libre arbitre[2]. » C'est pourquoi « vouloir que le torrent régularise lui-même sa marche par ce seul motif qu'on lui a donné une digue, ou qu'il s'établisse subitement un nouvel ordre de choses en laissant subsister les mêmes causes, c'est attendre un prodige qui ne se réalisera pas..... Puisque les crimes qui se commettent annuellement semblent être un résultat nécessaire de notre organisation sociale, et que le nombre n'en peut diminuer sans que les causes qui les amènent ne soient préalablement modifiées, c'est aux législateurs à reconnaître ces causes et à les faire disparaître autant que possible ; à eux appartient la fixation du budget des crimes, comme de celui des recettes et des dépenses du trésor. L'expérience

1. *Ibid.*, p. 237.
2. *Ibid.*, p. 247.

démontre en effet, avec toute l'évidence possible, cette opinion qui pourra sembler paradoxale au premier abord, que c'est la société qui prépare le crime et que le coupable n'est que l'instrument qui l'exécute. Il en résulte que le malheureux qui porte sa tête sur l'échafaud, ou qui va finir son existence dans les prisons, est en quelque sorte une victime expiatoire de la société. Son crime est le fruit des circonstances dans lesquelles il s'est trouvé[1]. »

*
* *

Les crimes et les suicides sont des événements remarquables, et qui permettent de se faire une idée du développement des passions et de la force des tendances morales chez l'homme en général. « Si la phrénologie réalisait ses promesses, dit Quetelet, nous aurions le moyen de mesurer directement l'organisation intellectuelle de l'homme... Nous saurions ce que chaque individu doit à la nature et ce qu'il doit à la science ; nous pourrions même établir numériquement

1. *Sur la possibilité de mesurer l'influence des causes*, etc. Correspondance mathématique et physique, t. VII, 1832, p. 346. Cité par Lottin, p. 418. Il dit ailleurs : « Dans un état qui ne reçoit pas de modifications essentielles dans sa forme, les mêmes crimes se reproduisent annuellement à peu près en même nombre, et entraînent les mêmes peines dans les mêmes proportions. La société renferme, en quelque sorte, en elle les germes de tous les crimes qui vont se commettre, en même temps que les facilités nécessaires à leur développement. Cette observation qui, au premier abord, a pu effrayer certains esprits, devient consolante au contraire quand on l'examine de près, puisqu'elle montre la possibilité d'améliorer les hommes, en modifiant leurs institutions, leurs habitudes, l'état de leurs lumières, et en général tout ce qui influe sur leur manière d'être. » Quetelet et Smits, *Statistique des tribunaux de la Belgique pendant les années* 1827-1830, Bruxelles, 1833, p. 5-6.

les valeurs de ces deux portions de son intelligence[1]. » Or l'expérience, de même qu'elle ne nous révèle pas directement la moralité moyenne, ne nous permet pas d'apprécier aussitôt l'intelligence moyenne et les lois de son développement. Toutefois, l'étude des hommes de talent et de génie est instructive. Supposons que nous sachions à quelle époque ils ont produit leurs plus belles œuvres : cela nous mettrait à même de déterminer l'ordre d'apparition, de croissance et d'affaiblissement de nos facultés. « Il serait du plus haut intérêt de reconnaître celles qui occupent les deux extrêmes limites dans la carrière de l'homme, c'est-à-dire celle qui, la première, arrive à la maturité, et celle qui n'y parvient que la dernière[2]. »

La période de vingt-cinq à trente ans est décisive dans l'évolution de l'homme moyen. A ce moment, il a terminé son développement physique : c'est alors que sa vie intellectuelle devient intense : c'est aussi l'époque de la reproduction, celle où le penchant au crime est à son maximum, où les maladies de l'esprit commencent à le menacer. Or, si l'on étudie les conditions où apparaît et se développe le talent dramatique, on constate que « ce n'est guère qu'après vingt et un ans qu'en Angleterre comme en France le talent dramatique commence à se développer. Entre vingt-cinq et trente ans, il se prononce avec énergie. Il continue à croître, et se soutient avec vigueur jusque vers cinquante à cinquante-cinq ans. Il baisse alors sensiblement, surtout si l'on a égard à la valeur des ouvrages produits. C'est que le talent dramatique est une combinaison de plusieurs facultés. Il

1. *Physique sociale*, t. II, p. 376-377.
2. *Ibid.*, p. 183.

représente le mieux l'intelligence tout entière. Esquirol a dit que l'aliénation mentale est une maladie qui accompagne la civilisation et se développe avec elle : elle attaque l'intelligence dans son siège, lorsque celle-ci a été exercée à l'excès, ou lorsqu'elle a subi le contre-coup de passions ou de chagrins trop vivement sentis. Or, c'est entre trente et cinquante ans que l'aliénation mentale produit le plus de ravages ; et c'est aussi dans cette période que l'on a produit le plus grand nombre d'ouvrages dramatiques, et les plus remarquables. »

Les passions sont à leur maximum d'énergie vers vingt-cinq ans. Donc « s'il existait un art qui, dans son exercice, se développât en raison des passions et sans exiger d'études préalables, son maximum de développement se présenterait aussi vers l'âge de vingt-cinq ans, ou même plus tôt. Ce maximum reculerait ensuite vers celui qu'atteint le raisonnement, selon que l'intervention de cette dernière faculté deviendrait plus nécessaire[1] ». Tel est sans doute le poète tragique. « Les passions et une imagination vive forment les principes élémentaires de son succès. » Il « peut arriver plus tôt au complet développement de son talent que le poète qui consacre son génie à la peinture des mœurs ». Ainsi, Molière n'a commencé à produire ses œuvres capitales que vers quarante-six ans. Le génie philosophique se manifeste plus tard encore. En revanche, Raphaël « était au point culminant de son talent » vers vingt-cinq ou vingt-sept ans. L'imagination s'était développée très vite chez lui, de même que chez Mozart et chez Pascal. « On est habitué à considérer les mathé-

1. *Ibid.*, p. 183.

matiques comme placées en dehors du domaine de l'imagination, tandis qu'il n'existe peut-être aucune branche de nos connaissances qui exige un plus grand développement de cette faculté pour arriver à d'importantes découvertes[1]. » Le travail nécessaire ne suppose pas de longues études. Lagrange publie le *calcul des variations* à dix-huit ans, Newton est formé à vingt-quatre ans. Le mathématicien commence par des recherches mathématiques pures ; il passe plus tard aux applications, au perfectionnement des méthodes, puis, enfin, à l'examen métaphysique de ces mêmes méthodes. « On trouve peu d'hommes qui, dans un âge plus avancé, aient abandonné les sciences d'observation ou les études philosophiques, pour s'appliquer aux arts d'imagination, à la poésie ou aux mathématiques pures[2]. » Et Quetelet, rencontrant ici Auguste Comte, trouve dans l'histoire des sciences la preuve que « l'esprit humain considéré de la manière la plus générale » a passé et a dû passer par les mêmes phases que l'intelligence individuelle[3].

*
* *

Mais nous retrouvons ici le même problème qui se posait à propos de l'homme moyen physique. L'homme moyen moral et intellectuel s'est-il transformé au cours des âges ? Quetelet disait que « tout porte à croire que,

1. *Ibid.*, 378.

2. *Ibid.*, p. 380.

3. *Ibid.*, p. 382. Lottin remarque que la loi du développement de l'esprit humain que formule Quetelet est très distincte de la loi des trois états d'Auguste Comte. Il ne parle pas de la période métaphysique. Il trouvait chez Laplace la distinction et la description des périodes théologique et positive (Lottin, p. 405).

pour les qualités physiques du moins, l'homme moyen n'a pas sensiblement varié, mais que les limites [entre lesquelles sont compris les écarts du type moyen] se sont progressivement resserrées[1] ». Il arrive, ici, à peu près à la même conclusion. Au point de vue moral d'abord : « Nous ne connaissons plus cette affreuse dépravation que quelques anciens n'ont pas rougi d'avouer, d'ériger même en vertu ; mais nous ne voyons pas non plus ces caractères sublimes, ces âmes nobles et fermes qui répandent un si puissant intérêt sur l'histoire ancienne. Insensiblement nous nous sommes trouvés resserrés dans des limites plus étroites[2]. » De même, les fortunes tendent à s'égaliser. « Il n'existe plus, de nos jours, de ces lignes profondes de démarcation entre les hommes des classes inférieures et ceux des classes privilégiées. Les premiers, mal nourris, mal vêtus, courbés sous un esclavage humiliant, traînaient une malheureuse existence, tandis que les derniers appliquaient tous leurs soins au développement de leurs qualités physiques qui devenaient la source de leurs succès dans les guerres[3]. » Les lois, en beaucoup d'États, s'efforcent aujourd'hui d'introduire plus d'égalité. « Les maux (et les revers de fortune) s'atténuent et s'effacent en quelque sorte en se distribuant dans les masses, au lieu de se concentrer sur un même point[4]. »

1. *Du système social*, etc., p. 259.

2. *Du système social*, etc., p. 254.

3. *Ibid.*, p. 253.

4. *Ibid.*, p. 261. Quetelet, d'ailleurs, croit que l'égalité absolue serait loin de constituer un progrès : « Il n'en reste pas moins vrai de dire que le resserrement des limites, poussé jusqu'à un certain point, est un véritable bienfait. Mais quelles sont les limites les plus convenables ? Ce problème, aussi nouveau que difficile, reste encore à résoudre. » *Ibid.*, p. 256.

Sur les lois du développement de l'humanité et des sociétés, Quetelet a émis des opinions difficiles à concilier. Il dit que l'existence la plus longue de l'homme atteint au plus un siècle ; pour une ville ou un peuple, elle ne dépasserait guère huit ou dix fois cette durée. A plusieurs égards, la vie des peuples tient donc à la classe des phénomènes périodiques. Mais il ajoute qu'un peuple peut prolonger sa durée par une transformation radicale de son organisation première. « Ce qui annonce le mieux la modification qu'il va subir, c'est l'état plus approfondi des sciences et des lettres. Instant décisif... Il faut savoir en sortir plus fort et plus brillant, ou bien y laisser sa nationalité et son existence[1]. » C'est bien obscur. — Ailleurs, il dit que « l'humanité se modifie selon les exigences des temps et des lieux[2] » : alors, ce qui marquerait le terme de la vie d'un peuple, c'est qu'il n'est plus adapté aux circonstances, qu'il n'a plus de centre de gravité, ou plutôt que rien ne l'empêche de s'en écarter trop dans un sens ou dans l'autre. La science, en lui apprenant quelle organisation convient le mieux pour telles et telles conditions, en le mettant en mesure d'agir à la fois sur les causes extérieures et sur sa propre nature physique et morale, lui permettrait de s'adapter de mieux en mieux, et limiterait de plus en plus l'ampleur de ses écarts du type d'organisation qui lui conviendrait le mieux[3].

1. *Physique sociale*, t. II, p. 218. « L'homme exerce sur lui-même et sur ce qui l'entoure une véritable force perturbatrice, dont l'intensité paraît se développer en raison de son intelligence, et dont les effets sont tels que la société ne se ressemble pas à deux époques différentes. » *Recherches sur la loi de la croissance*, etc., p. 2.

2. *Physique sociale*, t. I, p. 388.

3. « Plus les lumières se répandent, plus les écarts de la

Mais, « il n'y a de véritablement progressif que la science[4] ». Toutes les facultés humaines qui ne sont pas fondées sur elle, par exemple l'imagination, la mémoire, sont essentiellement stationnaires, et leurs lois sont constantes. « Quant aux autres facultés, leurs lois de développement... restent aussi probablement les mêmes, ou du moins chacune d'elles ne subit de variation que dans la grandeur de son maximum, qui dépend du développement qu'a pris la science[1]. » Il dit encore : « Je serais très disposé à croire que les lois de développement de l'homme moyen restent à peu près les mêmes aux différents siècles, et qu'elles ne varient que par la grandeur des maxima. Or ce sont justement ces maxima, relatifs à l'homme développé, qui donnent dans chaque siècle la mesure du développement de l'humanité[2]. » En d'autres termes, l'un des principaux effets de la civilisation étant de resserrer les limites entre lesquelles se produisent les oscillations, de part et d'autre du type moyen, le progrès consiste en ce qu'une quantité toujours plus grande d'individus se groupent dans les environs immédiats de la moyenne, si bien que la courbe qui exprime leur répartition régulière en deçà et au delà du type « se contracte », et que l'ordonnée qui correspond à la moyenne, au nombre le plus grand des cas, s'allonge. « La plupart des qualités morales admettent un type que l'on

moyenne vont en diminuant ; plus, par conséquent, nous tendons à nous rapprocher de tout ce qui est beau et de tout ce qui est bien. La perfectibilité de l'espèce humaine résulte comme une conséquence nécessaire de toutes nos recherches. » *Sur l'homme*, t. II, p. 326.

1. *Physique sociale*, t. I, p. 396.
2. *Ibid.*, p. 396.
3. *Ibid.*, p. 390.

peut avec une probabilité très grande considérer comme absolu, de sorte que l'humanité, sous le rapport de ces qualités, ne serait pas progressive [au sens vulgaire du mot]. Il en est cependant dont l'importance a varié par la suite des temps[1]. » C'est que l'humanité se modifie selon les exigences des temps et des lieux. Les « causes morales qui existent en dehors des individus et sont propres à chaque peuple n'ont pas essentiellement un caractère de fixité, comme les causes développées sous l'influence de la nature ; elles subissent des fluctuations et elles varient avec le temps[2] ». Mais si « l'homme possède une force morale capable de modifier les lois qui le concernent... cette force n'agit que de la manière la plus lente, de sorte que les causes qui influent sur le système social ne peuvent subir aucune altération brusque[3] ».

Ainsi, la raison, appuyée sur la science, et qui permet à l'homme de modifier lentement sa nature morale comme les forces extérieures, est en réalité un principe de stabilité : elle tend à faire prédominer, et à définir de mieux en mieux « l'homme moyen ». Loin que le « libre arbitre » contrarie les lois sociales, c'est lui qui expliquerait le mieux la reproduction régulière des mêmes faits. Car l'homme, « en vertu de son libre arbitre et des circonstances qui l'entourent, s'est créé un état normal vers lequel il tend constamment à revenir... L'homme, avec sa raison, flotte donc entre des limites moins larges que s'il était, comme la brute, uniquement sous l'influence des causes accidentelles[4] ».

1. *Ibid.*, p. 392.
2. *De l'influence du libre arbitre*, etc., p. 142.
3. *Recherches sur le penchant au crime*, etc., p. 81.
4. *Sur la statistique morale*, etc., p. 5 ; cité par Lottin, p. 448.

CHAPITRE V

CRITIQUE DE LA THÉORIE DE L'HOMME MOYEN MORAL

L'INDIVIDU ET LA SOCIÉTÉ

Il n'est plus nécessaire de se demander si Quetelet a été ou non déterministe, ni si les résultats de la statistique morale telle qu'il la conçoit réservent ou non une place au libre arbitre. Tantôt il entend par libre arbitre la raison : mais la raison est, d'après lui, un principe de régularité, et peut-être la cause la plus constante et la plus déterminante à mesure qu'elle s'éclaire. Tantôt il fait cette réserve : de ce que le nombre des mariages, des suicides, des crimes semble déterminé d'avance pour chaque société, il ne s'ensuit pas que les individus se marient ou se suicident sans le vouloir, que chacun y soit prédéterminé. On peut prévoir pour la masse, non pour un individu de cette masse. Mais, comme le dit Hankins, si on adopte le point de vue de Quetelet, l'impossibilité de prévoir les démarches individuelles ne tient qu'à notre ignorance. Dire que les causes sont constantes, mais que les raisons qui font que tels individus se laissent influencer par elles, et non tels autres, dépendent de la libre fantaisie des hommes, est contradictoire. Au reste, c'est seulement le vague de quelques expressions de Quetelet qui peut suggérer cette interprétation de sa pensée.

Ne séparons point toute sa théorie de la statistique morale des principes de sa physique sociale. De même que les hommes se répartissent, d'après leur taille, de part et d'autre de la moyenne conformément à la loi des erreurs, de même, si on envisage un fait d'ordre moral tel que le crime, il faudrait admettre que les hommes se répartissent d'une façon régulière de part et d'autre d'un groupe d'entre eux qui auraient une tendance moyenne à devenir criminels. Les hommes s'échelonneraient ainsi de part et d'autre de la moyenne : aux deux extrémités de la courbe se trouveraient, en très petit nombre, ceux qui ont le plus d'aversion pour le crime, et ceux qui y sont le plus énergiquement portés[1].

Qu'on envisage chaque sexe à part, ou chaque groupe d'âge, il en serait de même. L'attitude morale des hommes est déterminée par une quantité de causes, constitution physique, hérédité, éducation, croyances, influence du milieu, etc. Ces causes se combinent ou se peuvent combiner de beaucoup de façons. Parmi ces combinaisons (comme nous l'avons vu, quand nous parlions du calcul des probabilités), les unes sont beaucoup plus probables, les autres bien moins. Si la proportion des criminels à l'ensemble des hommes est relativement faible, c'est que les combinaisons de causes qui déterminent leurs caractères et leurs tendances mauvaises sont peu nombreuses, donc beaucoup moins probables que les autres. Mais il serait

1. « The variations running through all degrees, from abhorrence of crime to a keen delight in it. » Hankins, p. 94.

tout à fait inexact de séparer les criminels de l'ensemble des autres hommes, comme s'ils constituaient un groupe nettement distinct, dont il faudrait expliquer l'apparition et la subsistance par des causes tout autres en nature que les forces auxquelles se trouve soumise la société tout entière. Il faut envisager la société comme une masse de combinaisons, qui se conditionnent les unes les autres en ce que la rareté ou la fréquence de chacune d'elles s'explique par le nombre des autres, exactement comme le nombre des séries rares dans une suite de parties est déterminé par le nombre des parties. Et de même qu'on passe des séries rares à celles qui sont ordinaires par une série de transitions, de même on passe, par une série d'intermédiaires, des attitudes morales exceptionnelles en bien ou en mal aux attitudes morales « moyennes ».

La tendance au mariage donnerait lieu à des observations du même genre. Il ne faut pas distinguer simplement, comme les statistiques nous y inviteraient, ceux qui se marient et ceux qui ne se marient pas : mais, parmi ceux qui se marient, les uns (et ils sont exceptionnels à ce titre) sont poussés irrésistiblement au mariage : un plus grand nombre se marient parce que les circonstances s'y prêtent et qu'ils n'y répugnent point, mais pourraient aussi bien ne se point marier : parmi ceux qui ne se marient pas, un très petit nombre peuvent être considérés d'avance comme des célibataires irréductibles, en lesquels la tendance au mariage se trouverait aussi peu développée que possible : le plus grand nombre sont indifférents, et seraient aussi disposés à se marier qu'à s'en abstenir.

De même enfin l'affaiblissement, chez un certain nombre d'hommes, de l'attachement à la vie, ne s'exprime point tout entier sous la forme du suicide. Il faut distinguer d'abord ici, comme à propos des mariages ou des crimes, la tendance apparente et la tendance réelle : bien des hommes se tuent, bien qu'ils tiennent à la vie plus que d'autres qui ne se tuent pas ; mais des hasards extérieurs ont contrarié, chez ceux-ci comme chez ceux-là, le jeu normal des tendances. Au reste, ce sont peut-être là des variations accidentelles qui se compensent dans la masse des observations. Mais, d'autre part, ceux qui tiennent à la vie y tiennent très inégalement. Ceux qui y tiennent trop, jusqu'à se rendre coupables de crimes, jusqu'à un degré extrême de lâcheté, sont aussi exceptionnels et peu nombreux que ceux qui se suicident. Entre ces deux groupes opposés, l'attachement à la vie passe par tous les degrés, et la masse des hommes l'éprouvent à un degré moyen.

Bien que Quetelet n'ait pas pu construire la courbe de la tendance au mariage, ou de la tendance au crime, comme il avait tracé celle des tailles, il n'est pas douteux que, pour lui, ces courbes-là, si les données avaient permis de les établir, auraient reproduit à peu près celle-ci. Il ne parlait pas de l'homme moyen moral en un autre sens.

C'est ce que ne paraît pas avoir bien compris le moraliste allemand Drobisch[1]. Après avoir reconnu que, dans la plupart des pays, le nombre total des mariages par années est soumis à de moindres fluctuations que le nombre des morts, il note, après Quetelet, qu'à peine le dixième des jeunes gens de vingt-cinq à trente-

1. Drobisch (Moritz Wilhelm). *Die moralische Statistik und die menschliche Willensfreiheit. Eine Untersuchung.* Leipzig, 1867.

cinq ans se marie chaque année [1]. Mais il refuse d'admettre que la tendance au mariage soit si faible à cet âge Il distingue cette tendance des appétits sexuels, et il pense que le désir de s'associer avec « une fidèle compagne, qui sera en même temps une amie et un appui », est assez fort pour qu'on puisse l'attribuer à la moitié des jeunes gens de cet âge, et l'égaler alors au moins à 0,5. Ce que Quetelet aurait donc mesuré, ce sont les circonstances qui, suivant les cas, favorisent ou contrarient cette tendance, non la tendance elle-même. — Quant au penchant au crime, ce qui le frappe, c'est la petitesse des nombres par lesquels on en exprime la force chez l'homme moyen. En France, de 1826 à 1844, la probabilité pour un homme d'être accusé d'un crime serait de 0,0003621, et, pour une femme, de 0,0000767. Ces probabilités équivalent à de très fortes invraisemblances. « La vraisemblance pour qu'un homme de soixante ans meure l'année suivante est de 0,0357 : elle est donc très petite, puisqu'inférieure à 0,5 qui exprime le cas où la vie et la mort sont également probables. Cependant, cette faible probabilité est plus de 98 fois aussi grande que la probabilité pour qu'un Français en général soit accusé d'un crime, et presque 156 fois aussi grande que celle pour qu'il soit condamné [2] ». Dès lors, il lui paraît fort exagéré d'imputer à la société tout entière, et à chacun de ses membres pour sa part, la responsabilité des crimes qui y sont commis par un si petit nombre d'hommes. Une

1. En Belgique, entre 1840 et 1845, la probabilité pour qu'un homme de 25 à 30 ans se marie est, d'après Quetelet, de 0,0884, et, pour un homme de 30 à 35 ans, de 0,0930. *Sur la statistique morale*, etc., p. 8.

2. Drobisch, *livre cité*, p. 33-34.

tendance au crime que mesure une si petite fraction est réellement inexistante. Toutes les personnes qui n'ont été ni condamnées, ni accusées, n'ont aucune part à la production du crime. Les statistiques ne nous révèlent l'existence d'un penchant au crime que dans une très petite portion de la société. Ce qu'on peut déterminer seulement, ce sont les conditions, naturelles ou sociales, fixes ou changeantes, qui sont les occasions du crime, qui en favorisent la production. — En résumé, non seulement les régularités que la statistique morale met en lumière ne se retrouvent que dans certaines classes d'actions humaines ; mais ce n'est rien qu'une petite partie de la société qui les accomplit. L'homme moyen de Quetelet ne serait qu'une fiction mathématique ; il représente le rapport du nombre des membres d'un groupe qui exécutent tel acte au nombre de ceux qui ne l'exécutent pas ; mais il ne s'ensuit pas que l'ensemble des membres de ce groupe participent en quelque mesure à l'accomplissement de cet acte. « La constance des nombres établis par la statistique prouve seulement que, dans une société assez grande, les dispositions à commettre les actes et les occasions de les commettre se reproduisent assez régulièrement chaque année, et aussi que le nombre des individus qui n'ont pas de raison de résister à leur penchant au mariage, ou sur lesquels le commandement moral a trop peu de prises pour les détourner du crime et du suicide, reste en général à peu près le même[1]. »

Mais, d'abord, Quetelet n'a guère soutenu le contraire de cette dernière proposition. Il définit, nous l'avons vu, le penchant au crime, ou au mariage, simplement

1. Drobisch, p. 53-54.

comme la probabilité de commettre un crime, ou de se marier. Il ne prétend pas mesurer rigoureusement des sentiments et tendances simples, abstraction faite des circonstances qui en favoriseront ou en contrarieront le développement. L'homme moyen existe dans la société, dans une société d'une forme et d'une organisation déterminée, et ce que la statistique calcule, ce n'est pas seulement l'intensité, aux différents âges et pour les différents sexes, des penchants physiologiques, mais aussi les forces sociales auxquelles l'homme moyen est soumis. « Les volontés, dit-il, sont soumises à certains usages auxquels elles cèdent comme à des nécessités, et comme ces nécessités restent annuellement les mêmes, on voit aussi se reproduire périodiquement les mêmes effets. » Et ailleurs « : Si l'on se marie, on a des convenances à consulter, des usages à suivre, des blâmes à éviter, et, comme ces obligations sont générales, les faits qui en résultent le sont aussi. Ce n'est plus le vouloir de l'individu qui se trouve ici le seul régulateur, mais celui du peuple auquel l'individu appartient [1]. » Il remarque que, si le nombre des crimes ne varie pas, c'est que la société ne change pas. Dans une lettre à Villermé [2], il dit que le taux annuel des crimes est « un résultat nécessaire de notre organisation sociale ». Il n'est donc pas exact de prétendre que, pour lui, le nombre des mariages mesure l'intensité du désir de se marier dans un groupe ; il exprime aussi la force des résistances que le milieu social considéré oppose à ce désir. Il en est de même de la tendance au crime ou au suicide. — D'autre part, si, comme le veut

1. *Sur le système social*, p. 72, et *De l'influence du libre arbitre*, etc., p. 145. Cité par Lottin.

2. En 1832 ; cité par Lottin, p. 470.

Drobisch, on considère isolément les groupes d'hommes qui commettent des crimes, qui se tuent, si l'on veut chercher seulement dans ces groupes, dans la nature de leurs membres, dans les conditions où ils se trouvent, le principe de leurs actes, de leur constance, de leur régularité, si on refuse d'admettre dans la nature des autres membres de la société, dans leurs tendances ou leurs coutumes rien qui ressemble aux penchants de ceux-ci, qui les annonce ou les conditionne, comment procèdera-t-on ? On invoquera les circonstances, qui se retrouvent à peu près les mêmes tous les ans dans une société : occasions de se marier, de voler, de tuer, motifs de se tuer, etc. Mais ce ne sont là aucunement des causes, puisque tels individus, dans les mêmes circonstances, profiteront de ces occasions, obéiront à ces motifs, et d'autres non. Dire, alors, que le nombre des individus qui n'ont pas de raison de résister à leurs penchants, qui ne se laissent pas influencer par les croyances et coutumes morales, reste le même, ou c'est se borner à constater cette régularité, ou, si on l'explique, c'est admettre comme Quetelet que, sur un grand nombre d'individus, il s'en trouvera une proportion définie, toujours la même, qui représenteront telles « combinaisons de causes », qui auront tel caractère, auront subi telles influences, et que cette proportion sera en rapport avec la probabilité de ces combinaisons. Mais alors, cette probabilité n'étant que le rapport des dites combinaisons à toutes les autres, comment échapper à la nécessité de retenir l'ensemble, c'est-à-dire d'expliquer la nature morale des criminels par la nature morale de tous les membres de la société ? Quetelet n'a pas dit autre chose.

Bien qu'il ne faille point prendre à la lettre les expressions « tendance au mariage » et « penchant au crime », il n'en reste pas moins vrai que Quetelet a fortement insisté sur les causes physiques et physiologiques qui déterminent la conclusion des mariages et la production des crimes dans les groupes. Les progrès de la législation et de l'organisation sociale peuvent modifier le nombre de ces faits, mais non l'influence que le sexe ou l'âge, par exemple, exercent sur leur répartition. Il y aurait des forces naturelles constantes, que les lois et les coutumes peuvent contrarier ou fortifier, mais qui ne changent pas, et qui tendent toujours à produire les mêmes effets.

Mais cela est bien contestable. Drobisch a déjà remarqué que, si on considère les mariages, il semble naturel d'admettre que « l'homme, moins précoce, mais plus longtemps capable de reproduire que la femme... choisira une épouse jeune en régle générale ». Il en est bien ainsi. Mais la différence d'âge en moyenne est bien moindre, et l'âge moyen où se marie la femme est, d'autre part, plus élevé qu'on ne pourrait s'y attendre, à ne considérer que la nature physiologique des hommes et des femmes[1]. Au reste, d'un pays à un pays voisin, tous deux habités par des hommes de même race, la fréquence des mariages n'est pas la même[2], sans compter bien d'autres différences en ce domaine.

1. En 1860-65 la différence d'âge était, pour les premiers mariages, en France, de 3 ans, en Angleterre et en Belgique, de moins de 2 ans. L'âge moyen où se mariaient les filles était, en France, de plus de 25 ans, en Angleterre, de plus de 24 ans et demi, en Belgique, de plus de 28 ans. Wappäus, *Bevölkerungsstatistik*, t. II, p. 285 sqq. Cité par Drobisch, p. 29.

2. En Prusse, de 1844 à 1853, on compte 87 mariages sur 10.000 habitants par an, et en Bavière, 66. *Ibid.*, p. 31-32.

En réalité, le groupe des hommes et des femmes d'un âge donné n'est pas caractérisé seulement, ni même peut-être surtout, par un même degré de développement physiologique, par un ensemble de tendances à base organique, et ce n'est pas cela qui suffit à expliquer leur « tendance au mariage » telle que la définit Quetelet. Certes, d'un sexe à l'autre, d'un âge à l'autre, cette tendance varie très régulièrement. Mais comment invoquer la nature physique exclusivement, ou même principalement, alors que tant d'habitudes et de nécessités sociales non seulement la recouvrent, mais l'ont pénétrée et transformée? La tendance au mariage en elle-même se distingue, nous l'avons vu, de l'appétit sexuel, mais elle s'en distingue plus ou moins suivant le degré de civilisation, les traditions, la profession, la classe sociale, etc. — Dire que le mariage résulte de ce que deux individus ont obéi à une tendance propre à chacun d'eux, qu'il est comme la résultante de ces deux forces, c'est certainement inexact. Le plus souvent la tendance au mariage ne se détermine que lorsque les deux individus, et, derrière eux, en même temps qu'eux, les groupes auxquels ils se rattachent se sont rencontrés et rapprochés : c'est une tendance sociale à la fois en ce qu'elle s'impose en même temps à deux consciences individuelles, et en ce qu'elle a son origine souvent bien au delà d'eux, dans les groupes familiaux ou autres qui d'ordinaire les encadrent. Sans doute, cette tendance sociale peut se heurter à des dispositions psychologiques en rapport avec l'état physique des hommes, ou utiliser de telles dispositions. Mais croit-on *expliquer* qu'un individu se marie par le sentiment qu'il a d'être plein de forces, et d'un surplus d'énergie qu'il se sent capable de dépenser pour un autre ? Com ment se fait-il que, cependant, d'autres individus précisément pour la même raison, ne se marient pa encore, et attendent, pour fonder une famille, qu'un certaine lassitude physiologique se traduise par l besoin d'un appui moral ? Comment se fait-il, inverse ment, que certains individus ne se marient point parc qu'ils se trouvent trop âgés, et ne se sentent pas l force de commencer une vie nouvelle ? Ce sont là, e réalité, autant de motifs et de raisons, mais non de causes, puisque, suivant les cas, on s'en inspire ou on y résiste.

Mais à chaque âge, comme à chaque sexe, correspon dent des ensembles d'habitudes sociales, et des repré sentations collectives assez fortes pour rendre compt de leur influence. Dans les divers groupes se formen des idées sur la signification de l'âge dans la sociét considérée, sur les qualités, les perspectives et le besoins de ceux qui ont tel âge (et il en est de mêm d'ailleurs des différences de sexe). En d'autres termes plus les groupes que l'on considère sont civilisés c'est-à-dire sont le foyer d'une vie collective intense plus l'âge y est un fait social d'abord et surtout secondairement un fait physique, et le sexe (quoiqu' un moindre degré) lui aussi. — Par exemple, il n'es pas douteux que les hommes d'un même âge n'on pas la même valeur relative, au regard de la société suivant qu'ils appartiennent à deux classes sociale différentes : l'ouvrier aura d'autant plus de valeu qu'il sera jeune, parce que sa force de travail ser alors le plus intacte ; ceux qui sont engagé dans des professions qui exigent de longues étude préalables ne s'évalueront pas eux-mêmes, et ne seron pas évalués de la même façon (sous réserve de beaucoup d'exceptions, naturellement). Si, dans un groupe, on s'inspire surtout de cette idée que les mariages entre jeunes gens donnent les meilleurs produits, et si l'on se préoccupe surtout des enfants, l'appréciation des âges ne sera pas la même que si on cherche dans le mariage la sécurité, la régularité de vie, et si on s'attache surtout aux qualités de prudence et d'expérience. Ailleurs, la pensée des femmes pourra être absorbée de bonne heure par des préoccupations sociales ou intellectuelles, et l'habitude se contracter de ne se marier qu'assez tard : un mariage entre tout jeunes gens semblera alors anormal. — Ainsi, suivant les sociétés, suivant les groupes à l'intérieur d'une même société, les idées sur l'âge où il convient le mieux de se marier pour chaque sexe, et sur l'écart d'âge le plus convenable, pourront varier. Il suffit d'admettre que l'organisation sociale demeure la même dans une région, pour que ces idées agissent à la manière de forces constantes : on expliquera alors, sans invoquer l'évolution ou les différences organiques, la constance des rapports souvent relevés entre l'âge et le sexe, et la fréquence des mariages.

L'influence de l'âge et du sexe sur la tendance au crime est, de même, incontestable : faut-il y voir encore la preuve que cette tendance résulte surtout de conditions physiologiques ? Mais l'âge et le sexe, ici, peuvent être envisagés d'un nouveau point de vue. En somme, expliquer des faits moraux comme les crimes par des faits organiques ou physiques, c'est fort obscur : en aucune science on ne cherche la cause de phénomènes d'un ordre donné dans des phénomènes de tout autre ordre, et qu'étudient d'autres sciences. Il importe de reconnaître d'abord quelles conditions morales correspondent à chaque âge, à chaque sexe, et de s'en tenir là, sans remonter ou passer brusquement à un ordre de faits physiques qui peuvent être concomitants de ces conditions morales, aussi bien qu'ils peuvent ne pas l'être. Pour rendre compte du petit nombre des crimes contre les personnes, en particulier du petit nombre des meurtres, etc., commis par les femmes, est-il bien nécessaire d'invoquer leur faiblesse physique ? Leurs habitudes plus sédentaires, un souci plus grand, peut-être, de l'opinion, une réserve particulière qui leur est imposée par la société, et moins d'occasions, en sont des raisons suffisantes. Quetelet, sans doute, n'a point passé sous silence ces facteurs. Mais il les fait intervenir en même temps et au même titre que les dispositions physiologiques, et il n'en a pas, d'ailleurs, dégagé le caractère purement social[1]. En réalité les dispositions physiologiques qui se rattachent au sexe ou à l'âge sont des conditions : seuls, les faits sociaux dont il s'agit sont des causes.

D'autre part, les remarques psychologiques à l'aide desquelles Quetelet cherche à expliquer que les maxima des différentes catégories de crimes se placent à des âges différents paraissent bien vagues. Si les crimes contre les personnes sont surtout fréquents vers vingt-quatre ans, est-ce parce que c'est l'âge où les passions se déchaînent avec le plus de violence ? C'est aussi celui où l'on n'est plus sous la dépendance des maîtres et des

1. C'est un des points où le flottement de sa pensée (tel que nous le définissons p. 159) est le plus notable, si bien qu'on peut la « tirer » en deux sens opposés et inconciliables. Il nous paraît légitime de l'entendre en celui qui s'accorde seul avec toute sa théorie.

parents, et où l'on n'est pas encore assez chargé de responsabilités comme chef de famille, assez engagé dans la profession, pour reconnaître toute l'importance des traditions et des règles morales. On dit que la tendance au crime diminue, en même temps que la force vitale décroît : traduisons cela en terme moraux : à mesure qu'on avance en âge, on est davantage sous l'influence des habitudes, des idées que l'on a admises, on est moins préoccupé de se créer de nouveaux besoins et de les satisfaire ; la vie est à la fois plus réglée, et plus simple ; le nombre des démarches qui peuvent nous mettre en conflit avec les autres, ou avec les lois, diminue. Cela est concomitant du fait d'avancer en âge, mais pourrait résulter aussi bien d'une organisation sociale différente. On conçoit qu'en des périodes de crise, en des pays d'exception, la vie des hommes âgés soit aussi intense que la vie des jeunes gens ailleurs, ou en d'autres temps : l'influence de l'âge sur la criminalité serait alors bien différente, et ne pourrait en tous cas pas s'expliquer par le degré du développement organique.

S'il en était ainsi, si, pour expliquer la répartition des crimes par sexe ou par âge, il fallait porter son attention beaucoup moins sur la nature physiologique des hommes que sur l'organisation de la société, quelle valeur devrait-on reconnaître à la théorie d'un homme moyen, chez lequel la tendance au crime serait mesurée par le rapport, dans la société, du nombre des criminels au nombre de tous les hommes en âge de le devenir ? — Chez un tel homme, qui représenterait la moyenne, les qualités morales, comme les autres, se développeraient « dans un juste équilibre, dans une parfaite harmonie également éloignée des excès et des défectuosités de toute espèce[1] ». De même que les maladies sont des écarts de l'état normal, et que l'état de santé se trouve compris entre ces écarts, de même les crimes ne seraient que l'exagération de tendances qui existent chez tous les hommes, mais qui, chez la moyenne d'entre eux, se trouvent comprises dans de justes limites[2]. Comment rendre compte autrement de l'étonnante régularité avec laquelle se reproduisent ces faits, qui sont sporadiques, qui se produisent isolément et dans les groupes les plus divers ?

La question est précisément celle-ci : passe-t-on, par transitions insensibles, des crimes à des actes qui dérivent de passions de même nature, mais qui sont licites ? La ligne de démarcation que trace la société pour séparer ceux-ci de ceux-là est-elle un simple moyen d'enregistrement, et reste-t-elle sans influence sur la nature même de ces actes, comme une ligne d'étiage sur les crues d'un cours d'eau ? — Cela paraît invraisemblable au plus haut degré. Ceux qui commettent un crime savent d'ordinaire qu'ils transgressent la loi. Entre un acte punissable et un autre qui ne l'est point, alors même que les sentiments qui accompagnent et dictent l'un et l'autre, désir de vengeance, violence, cruauté, appétits égoïstes, joie de faire du mal, sont presque aussi forts, et à peine discernables, la différence leur

1. *Sur l'homme*, t. II, p. 274.

2. Cela ne préjuge pas d'ailleurs la question de savoir si l'existence de criminels est un phénomène normal, en tant que fait social. Comme le dit M. Durkheim, « de ce que le crime est un phénomène de sociologie normale, il ne suit pas que le criminel soit un individu normalement constitué au point de vue biologique et psychologique. Les deux questions sont indépendantes l'une de l'autre. » *Les règles de la méthode sociologique*, 2e édition, 1901, p. 83, en note. (Paris, F. Alcan).

doit apparaître radicale, et non de degré, mais de nature. Bien des actes où tendent à s'exprimer des sentiments violents ne seront pas exécutés parce qu'ils sont défendus. Il ne faut pas s'imaginer d'ailleurs qu'on s'en abstiendra lorsque le sentiment qui y pousse est à peine plus fort que ceux qui poussent à des actes non délictueux, en sorte que la courbe qui exprime les degrés inégaux de ces sentiments (pour un même âge, pour un même groupe, ou pour tous les hommes) s'abaisserait au point où commence le crime, pour se relever ensuite, sans que cette irrégularité en modifie le sens. L'idée qu'il ne faut pas commettre un crime, la crainte de la répression ou de l'opinion, imposera aux hommes un effort d'autant plus grand qu'ils seront sous le coup de passions mauvaises plus fortes, et son influence s'exercera sur les plus dépravés et les plus violents. Alors, à supposer que les hommes se répartissent régulièrement autour de la moyenne d'après la force inégale de leurs sentiments ou de leurs passions, cet ordre sera tout à fait bouleversé par le fait que certains actes, qui correspondent aux formes les plus intenses de ces sentiments ou de ces passions, sont interdits. Leur limitation s'expliquera par de tout autres causes que la force inégale de ces sentiments, mais par l'influence inégale de la société sur ces hommes, suivant les groupes auxquels ils ont appartenu ou appartiennent.

Entre les criminels et tous ceux qui ne le sont pas, la société a établi une séparation profonde, et il ne se peut pas que tous les criminels, pour cette raison même, ne forment dans la société un groupe, ou ne représentent une catégorie, nettement distincte de toutes les autres au point de vue moral. Ils peuvent être devenus criminels pour des raisons très variables : les uns par suite d'une dégénérescence physiologique quelconque, d'autres parce qu'ils ont été exposés à des tentations trop fortes, ou impliqués dans des circonstances exceptionnelles, d'autres, encore, sous l'influence d'un milieu social perverti où ils ont vécu. Mais ce ne sont pas là des causes suffisantes du crime, puisque d'autres hommes, aussi dégénérés, placés dans les mêmes situations, soumis aux mêmes influences, s'en abstiennent. L'essentiel, pour la société, est que ces hommes, entre deux catégories d'actes par lesquels ils pouvaient satisfaire leurs tendances, les uns licites, les autres défendus, ont choisi la seconde. Peu importe qu'on invoque ensuite des circonstances atténuantes, qu'on essaie de tenir compte de la nature individuelle de l'accusé, etc. C'est bien, sinon « la matérialité de l'acte », du moins sa conformité ou sa non conformité à la règle pure et simple, qui passe au premier plan dans la conscience sociale, et, par suite, dans celle des criminels eux-mêmes, puisqu'ils dépendent de la société alors même qu'ils n'obéissent pas à ses lois. En d'autres termes, le penchant au crime ne peut consister qu'en représentations sociales, qu'en tendances définies par rapport à la société. Loin qu'il résulte de sentiments individuels, c'est lui qui, une fois développé, réagit sur ceux-ci, les résorbe, et, en imposant aux criminels l'idée qu'ils rentrent dans une catégorie sociale déterminée, en même temps qu'il les sépare du reste de la société, diminue les différences qui les distinguent les uns des autres, et tend à les « égaliser ». Comment pourrait-on attribuer alors aux autres membres de la société un degré même très faible d'un penchant au crime ainsi défini ?

Quetelet a bien eu le sentiment que la régularité des crimes ne s'expliquait pas seulement par la nature des hommes, par la nécessité qu'il y ait dans tout groupe humain des êtres plus éloignés que les autres de la moyenne, sous quelque rapport que ce soit. Il a insisté souvent sur l'action que la société peut exercer, qu'elle exerce en fait, en vertu de son organisation, sur ce qu'il appelle le penchant au crime. Mais il n'a expliqué nulle part précisément en quoi consiste cette action. Il est toutefois conforme à sa théorie d'admettre que les hommes, par le fait qu'ils vivent en société, entrent les uns avec les autres en une série de rapports, contractent les uns vis-à-vis des autres des sentiments, qui sont régis, parce qu'ils sont très nombreux et très différents, par la loi des grands nombres. Ainsi s'expliquerait que les hommes se répartissent autour d'un type moyen, et très régulièrement de part et d'autre, alors même que leur caractère résulte d'une combinaison de causes naturelles et d'influences sociales. On pourra, dans cette hypothèse, distinguer le crime des autres actes précisément parce qu'il représente une combinaison de causes surtout naturelles, combinaison d'autant plus exceptionnelle que les causes ou influences sociales sont plus nombreuses. Le criminel serait sous l'influence prépondérante de sa nature et de ses instincts physiques, et échapperait dans une mesure excessive à l'action de la société. Comme il dépend de l'organisation sociale que de tels cas deviennent de plus en plus exceptionnels, Quetelet serait fondé à dire que, l'organisation restant la même, les crimes se reproduiront en même nombre, que la société produit les crimes qui sont accomplis dans son sein, et qu'elle en est responsable.

Mais c'est se représenter d'une manière très inexacte, et très peu claire, l'action de la société. Nous avons vu que déjà lorsqu'il s'agit de faits purement organiques, ou surtout organiques, de caractéristiques telles que la taille, des naissances et des morts, l'application de la loi des grands nombres soulevait bien des objections. Il nous a paru que, même alors, on pouvait expliquer les régularités relevées dans les statistiques par l'action constante de forces générales, et qui « organisent » les autres forces, les utilisent comme des moyens, loin de résulter elles-mêmes de leurs combinaisons accidentelles et de leurs conflits. La loi des grands nombres ne s'applique, disions-nous, qu'à condition que les causes ou les forces qui se combinent de façons variées, ou plutôt que leurs combinaisons elles-mêmes, soient rigoureusement « indépendantes », qu'aucune action ne s'exerce des unes sur les autres. Dans l'ordre des faits organiques étudiés par Quetelet, nous avons remarqué que le plus souvent il n'en était pas ainsi. Mais c'est surtout dans le domaine social qu'une telle hypothèse est inadmissible. Considérons les crimes. Nous voulons bien admettre un moment que les combinaisons de causes qui produisent les divers individus physiques sont entièrement indépendantes l'une de l'autre, et qu'elles se réalisent donc suivant leur degré de probabilité. Mais, Quetelet le reconnaît lui-même, le crime ne résulte pas uniquement, ni peut-être surtout, de causes physiologiques. Peut-on alors soutenir que les influences sociales qui s'exercent sur les divers individus, soit qu'elles les poussent « dans la carrière du crime », soit qu'elles les en écartent, envisagées dans une société donnée, soient aussi indépendantes les unes des autres que les natures physiques de ces individus ?

Mais un trait qui caractérise les représentations sociales, c'est qu'étant communes à tout un groupe, elles tendent à exercer sur tous les membres de ce groupe une même action. D'autre part, elles sont d'autant plus fortes que le groupe où elles se dégagent est nombreux, et a conscience de l'être, et d'être un. Si l'on admettait que les hommes, en vertu de leur nature individuelle, sont tous différents les uns des autres, dès qu'ils se réunissent en groupes, les influences sociales auxquelles ils sont maintenant soumis, loin d'être un principe nouveau de diversité, loin d'augmenter chez eux la différenciation individuelle, introduisent des différences sociales, plus tranchées sans doute que les différences individuelles, entre les groupes, mais, à l'intérieur de chaque groupe, tendent à uniformiser les consciences. Elles sont un principe de répétition, d'imitation ; elles s'exercent avec d'autant plus de force qu'elles se sont exercées plus souvent, et, de s'être étendues à un grand nombre d'hommes, c'est une raison pour qu'elles élargissent encore leur champ d'action. — Toutes ces conditions empêchent qu'on puisse supposer qu'ici jouent les lois du hasard. Si les combinaisons de causes (qui représenteraient chaque cas individuel) sont ainsi rattachées les unes aux autres et dépendantes les unes des autres, puisque, de ce que les unes se sont produites, celles qui leur sont le plus semblables se trouvent renforcées, et tendent davantage à se réaliser, nous ne sommes pas dans le cas des jeux de hasard, où les joueurs, pas plus que les dés ou les billes, ne sont supposés contracter d'habitudes, s'imiter les uns les autres, ou se répéter eux-mêmes.

Il est incontestable, par exemple, que le plus grand

nombre des criminels « se recrutent » dans certains groupes, où ne se sont pas rassemblés volontairement et où n'ont pu se trouver réunis par hasard des hommes physiquement constitués de même, caractérisés par des appétits ou des vices pareils. Mais ces groupes sont eux-mêmes socialement caractérisés : ils représentent, au milieu des autres groupes, une organisation sociale et comme un niveau moral défini : et tous leurs membres sont rattachés par la communauté des représentations collectives qui s'imposent à eux. Supposons que, dans une société, les groupes où se développent ainsi des tendances collectives immorales, contraires aux tendances qui prédominent dans les autres groupes, demeurent aussi importants, et que dans leur sein ne se produise aucun changement d'où résulterait un abaissement ou une élévation de leur niveau moral, en sorte que ces tendances collectives immorales demeurent aussi fortes : il faut s'attendre à ce que ces groupes fournissent régulièrement le même contingent de criminels, et ce sera une raison définie de la régularité des crimes. — Sans doute, un grand nombre de crimes se produisent à l'intérieur de groupes moralement « normaux », où les tendances morales prédominent : des crimes peuvent être commis par des prêtres, des magistrats, des individus qui appartiennent aux classes les plus cultivées, et qui ont le plus d'intérêt à ce que les lois soient observées. C'est qu'à côté des tendances morales, et, peut-être, comme conséquences indirectes de celles-ci, se développent parfois des courants d'immoralité, courants collectifs d'ordinaire endigués, mais qui reprennent toute leur force à certains moments. Il est d'ailleurs très concevable que la loi des tendances collectives (comme peut-être de beaucoup de tendances individuelles) soit, non point de passer par tous les degrés d'intensité possibles, mais par des périodes (d'ailleurs inégales) d'intensité et de relâchement. S'il y avait un rapport fixe entre ces périodes de « tension » et de « détente » collective, c'est la stabilité même des tendances et habitudes morales dans les groupes qui expliquerait la régularité des manquements à ces règles.

Les mêmes remarques vaudraient pour l'explication que donne Quetelet de la régularité des suicides. On a reproché à M. Durkheim d'avoir dit : « La théorie de Quetelet repose, en définitive, sur une remarque inexacte. Il considérait comme établi que la constance ne s'observe que dans les manifestations les plus générales de l'activité humaine ; or, elle se retrouve, et au même degré, dans les manifestations sporadiques qui n'ont lieu que sur des points isolés et rares du champ social... [Il ne suffit pas]... de rendre intelligible l'invariabilité de ce qui n'est pas exceptionnel ; mais l'exception elle-même a son invariabilité, et qui n'est inférieure à aucune autre. Tout le monde meurt; tout organisme vivant est constitué de telle sorte qu'il ne peut pas ne pas se dissoudre. Au contraire, il y a très peu de gens qui se tuent; dans l'immense majorité des hommes, il n'y a rien qui les incline au suicide. Et cependant le taux des suicides est encore plus constant que celui de la mortalité générale[1]. » Sans doute, M. Durkheim ne tient pas compte de ce que, pour Quetelet, on passe par transitions insensibles de l'attachement extrême à la vie à un penchant marqué à se tuer,

1. *Le Suicide*, p. 340.

de ce que le type moyen exprime non pas seulement le groupe le plus nombreux, mais tout l'ensemble des hommes, et leur répartition régulière autour de lui. Mais on s'explique qu'il n'en tienne pas compte. Il lui est impossible d'admettre que le groupe des hommes qui se suicident, alors même qu'ils sont très dispersés dans l'espace, ne corresponde pas à une notion sociale définie, et ne se distingue point par là, d'une façon radicale, de tous ceux qui, quelle que soit la faiblesse de leur attachement à la vie, ne se tuent pas. Cette notion de suicide n'est pas une simple étiquette : elle existe dans la pensée collective, et impose à tous les membres du groupe l'idée qu'il y a, non pas une simple différence de degré, mais une séparation profonde entre les hommes qui se suicident et tous les autres. Tout un ensemble de jugements sociaux concernent ceux qui mettent fin à leur vie, s'attachent à leur mémoire, à leur nom, à leur famille : c'est cela qui crée un abîme entre eux et le reste de la société. C'est pourquoi M. Durkheim les considère comme des exceptions, sans nul rapport avec la règle. Il a eu le sentiment très net qu'il ne suffisait pas, pour expliquer les suicides et leur régularité, d'invoquer la multitude des tendances individuelles telles qu'elles se présentent chez tous les hommes, ainsi que la multitude des circonstances dans lesquelles tout homme peut se trouver, et de laisser ensuite ces tendances et ces circonstances se combiner conformément aux lois du hasard. Mais le suicide est un fait social ; il s'explique par des causes sociales. Les tendances et circonstances individuelles n'en sont que des occasions.

De même qu'à l'homme moyen physique, conçu comme la combinaison physique humaine la plus probable, on peut opposer l'espèce, l'ensemble des forces biologiques qui tendent à maintenir l'intégrité du type humain, de même, à l'homme moyen moral, il paraît scientifique de substituer, comme principe d'explication des régularités qui se relèvent dans les séries des phénomènes moraux, la notion d'espèce sociale, l'ensemble des tendances collectives qui assurent la subsistance d'une organisation sociale définie. L'espèce sociale, comme l'espèce physique, est sans doute toujours en un état d'équilibre instable : en elle se trouvent juxtaposées et associées des tendances collectives diverses et parfois opposées : elle ne subsiste qu'à condition de les limiter les unes par les autres. Ainsi s'explique que des événements ou des actes qui paraissent d'abord anormaux, tels que certaines unions entre époux trop inégaux d'âge, que les crimes et les suicides, se reproduisent avec régularité, et que leur répétition à peu près en même nombre, loin d'être anormale, soit liée au développement normal de la société, et, en quelque mesure, l'exprime. M. Durkheim a fait remarquer qu'il ne serait peut-être pas bon qu'une société tarît en elle-même la source des crimes. Elle ne le pourrait qu'à condition de fortifier extrêmement certaines croyances et habitudes collectives, mais, en même temps, de détruire les tendances antagonistes, dont la nécessité n'est peut-être pas moindre. « Pour que les sentiments collectifs que protège le droit pénal d'un peuple, à un moment déterminé de son histoire, parviennent ainsi à pénétrer dans les consciences qui leur étaient jusqu'alors fermées ou à prendre plus d'empire là où ils n'en avaient pas assez, il faut qu'ils acquièrent une intensité supérieure à celle qu'ils avaient jusqu'alors.

Il faut que la communauté, dans son ensemble, les ressente avec plus de vivacité ; car ils ne peuvent pas puiser à une autre source la force plus grande qui leur permet de s'imposer aux individus qui, naguère, leur étaient le plus réfractaires. Pour que les meurtriers disparaissent, il faut que l'horreur du sang versé devienne plus grande dans ces couches sociales où se recrutent les meurtriers ; mais, pour cela, il faut qu'elle devienne plus grande dans toute l'étendue de la société[1]. » Or, il n'est peut-être pas bon que l'amour de la force même brutale, le goût de l'énergie, l'admiration qu'excitent certaines démarches à la fois héroïques et inhumaines, disparaissent tout à fait de nos sociétés, au moins dès maintenant. Les crimes contre les personnes n'en sont que l'exagération. Pour supprimer tous les crimes dirigés contre les propriétés, les vols, les fraudes, etc., il faudrait inspirer à tous les hommes une aversion collective profonde pour les qualités mêmes qui permettent d'exécuter ces actes, pour l'ingéniosité plus ou moins cauteleuse, pour l'esprit d'intrigues et d'affaires. Mais cela non plus n'est peut-être pas désirable. En tout cas, puisque la société supporte le retour régulier, dans une proportion définie, de ces crimes, elle a sans doute le sentiment qu'elle se ferait du tort, plus de tort que de bien, en s'efforçant d'en réduire davantage le nombre. On expliquerait de même la régularité avec laquelle se reproduisent les mariages de chaque catégorie, en particulier ceux qui paraissent anormaux, parce que l'écart des âges est excessif. Si la société les tolère, ce n'est point qu'elle ne pourrait les supprimer ; il suffirait que

1. *Les règles de la méthode sociologique*, p. 84.

le sentiment de légère surprise, mêlé d'une pointe d'inoffensive raillerie, qu'ils provoquent parfois, se trouvât transformé en une aversion décidée, en une réprobation indignée, et qu'ils parussent ridicules au plus haut degré. S'il n'en est rien, c'est, peut-être, qu'il y a plus d'avantages que d'inconvénients à permettre qu'ils se concluent, c'est qu'il y a un rapport étroit entre ces déviations ou ces exagérations du penchant au mariage et ce penchant lui-même, c'est qu'on ne pourrait en détourner qu'à condition d'affaiblir chez tous les membres du groupe le désir d'entrer en ménage. La régularité avec laquelle ils se reproduisent n'est que le signe de la constance du penchant au mariage en général ; de même, la régularité avec laquelle se reproduisent les crimes manifeste la constance des tendances collectives dont ils ne sont que les perversions.

Ainsi ce n'est point par hasard que l'équilibre s'établit, que le nombre des exceptions et des écarts de la moyenne diminue à mesure qu'on s'éloigne de la règle, et du type moyen. Cet équilibre résulte de l'action de la société, qui le maintient parce qu'elle en sent le besoin. L'existence de ces écarts ou de ces cas extrêmes signifie que la tendance dont ils ne sont que des manifestations, d'autant plus nombreuses d'ailleurs que cette tendance est plus forte, répond, au degré même où elle se trouve développée, à un besoin social profond. La diminution du nombre de ces actes ou caractères exceptionnels, et la régularité de cette diminution, à mesure qu'on s'éloigne de la moyenne, résulte de ce que la société, à cette tendance, en oppose d'autres, et avec d'autant plus de force que l'écart est grand et risque de compromettre l'équilibre. Quetelet a reconnu que, grâce à sa raison et à la science, l'homme s'élevait peu à peu à la connaissance du type moyen, et devenait alors capable de s'en rapprocher de plus en plus, de diminuer l'ampleur des oscillations auquelles l'humanité obéit, quand elle dépasse ce type, ou reste en deçà. La notion du type moyen devient alors comme une force sociale ; et puisque l'homme a toujours été plus ou moins raisonnable, il n'a jamais été complètement à la merci du hasard. Mais il faut aller bien plus loin. Il ne suffit pas d'invoquer l'action de quelques grands hommes « doués d'une puissance de génie supérieure », qui ont su, tout en s'élevant au-dessus de la moyenne, rester cependant « en harmonie avec ceux qui les entouraient », « partager leurs sentiments, leurs passions, leurs besoins ». La société elle-même s'organise, et règle son évolution. Les tendances et besoins sociaux, que certains individus sont peut-être capables de comprendre et de se représenter plus clairement que les autres, s'imposent aux membres du groupe alors même que ceux-ci n'en ont qu'une conscience confuse. C'est le groupe tout entier qui sent, collectivement, quelles sont ses conditions d'équilibre, et qui, en vue de les maintenir, utilise les tendances individuelles, les organise, les développe et les limite.

CONCLUSION

Si notre critique de la théorie de Quetelet dans so application aux divers problèmes que nous avon examinés est bien fondée, on voit qu'à mesure qu'o passe à un ordre de réalités plus complexe, en particu lier à mesure qu'on pénètre dans un domaine où l'in fluence de la société prédomine, il devient plus difficil de rendre compte des régularités et constances des phé nomènes par le calcul des probabilités. Mais Quetelet malgré sa foi entière en la théorie de l'homme moyen semble parfois s'en être rendu compte. Esprit positif en contact permanent avec les faits, il est d'abor frappé d'y retrouver des retours périodiques et de rapports constants, et, bien qu'il les interprète toujour en s'inspirant des mêmes principes, il lui arrive de le exprimer en des termes qui suggèrent des théories e des explications d'une autre sorte, et presque con traires à celles que nous avons exposées d'après lui Est-ce obscurité d'expression, ou indécision réelle d sa pensée ? Il importe, avant de résumer toute s théorie, et de conclure pour ou contre elle, de nou demander si elle est, en somme, aussi cohérente qu'i nous a semblé.

On a cité, en effet, un certain nombre de textes qui autoriseraient un rapprochement entre la théorie de l'homme moyen de Quetelet, et la définition du type normal et du type moyen telle qu'elle a été présentée par M. Durkheim. D'après Quetelet, les qualités de l'homme moyen « se développent dans un juste équilibre, dans une parfaite harmonie, également éloignée des excès et des défectuosités de toute espèce ». Or, la perfection consiste « dans l'harmonie et la convenance de toutes les parties entre elles ». L'homme moyen serait donc « le type absolu du beau et du bien dans le sens le plus général [1] ». Il ajoute qu' « une qualité de l'homme devient vertu quand elle est également éloignée de tous les excès auxquels elle peut être disposée à céder, et qu'elle se tient dans de justes limites, au delà desquelles tout est vice [2] ». Et, ailleurs : « toute qualité, prise dans des limites convenables, est essentiellement bonne ; ce n'est que dans les écarts extrêmes qu'elle devient mauvaise. L'étude de ces écarts ou de ces anomalies conduirait à la détermination de l'état normal, s'il ne pouvait être établi d'une manière directe [3] ». Or, « on peut... considérer les maladies comme les écarts de l'état normal, soit en plus, soit en moins, et c'est entre ces écarts contraires qu'on trouverait l'état de santé [4] ». Ainsi l'homme moyen représenterait l'état de santé, l'état normal. — Et, de son côté, M. Durkheim a dit : « Si l'on convient de nommer type moyen l'être schématique que l'on

1. *Sur l'homme*, t. II, p. 274.
2. *Ibid.*, p. 275.
3. *Etudes sur l'homme*, 1842, p. 22.
4. *Ibid.*, p. 21.

constituerait en rassemblant en un même tout, en une sorte d'individualité abstraite, les caractères les plus fréquents dans l'espèce avec leurs formes les plus fréquentes, on pourra dire que le type normal se confond avec le type moyen, et que tout écart par rapport à cet étalon de la santé est un phénomène morbide[1]. » Qu'un tel type « puisse être constitué, c'est ce qu'on ne saurait mettre en doute, puisqu'il est la matière immédiate de la science; car il se confond avec le type générique ». — Faut-il donc admettre que, pour Quetelet et pour M. Durkheim, les notions de type normal et de type moyen aient la même valeur et le même sens, et, en particulier, que, pour Quetelet, le type moyen ait une réalité propre, et distincte de celle des individus qui s'y conforment?

Mais, d'abord, la distinction du normal et du morbide n'a pas le même sens chez l'un et chez l'autre. Pour M. Durkheim, sans doute « la maladie n'a rien de plus miraculeux que la santé; elle est également fondée dans la nature des êtres. Seulement elle n'est pas fondée dans leur nature normale; elle n'est pas impliquée dans leur tempérament ordinaire, ni liée aux conditions d'existence dont ils dépendent généralement[2] ». Il distingue nettement, parmi les phénomènes sociologiques, ceux qui sont généraux dans toute l'étendue de l'espèce, et ceux qui sont exceptionnels dans le temps comme dans l'espace[3]. Pour Quetelet, au contraire, puisque les cas anormaux, les écarts de la moyenne, se distribuent très régulièrement autour de

1. *Les règles de la méthode sociologique*, p. 70.
2. *Livre cité*, p. 72.
3. *Ibid.*, p. 69.

celle-ci, ils forment en réalité avec elle, c'est-à-dire avec les cas normaux, un système dont toutes les parties sont bien liées, et dépendent à la fois les unes des autres et, toutes ensembles, des mêmes conditions : le normal implique l'anormal, et inversement. — D'autre part, pour M. Durkheim, la fréquence plus grande de certains phénomènes, c'est un caractère en quelque sorte extérieur de la réalité sociale, le seul caractère objectif où le savant puisse d'abord se prendre, mais qui a besoin lui-même d'être expliqué. Il faut bien commencer par classer les faits en normaux et anormaux, et l'on s'inspire de ce que, en général, les caractères les plus répandus sont aussi les plus avantageux. Mais on ne peut en rester là : on doit s'efforcer d' « ériger cette normalité de fait en une normalité de droit », c'est-à-dire expliquer ce caractère et sa fréquence par les conditions d'existence de l'espèce considérée[1]. En d'autres termes, la fréquence est le signe objectif le plus ordinaire du normal ; mais ce qui fait qu'un caractère est normal, c'est qu'il est « un effet mécaniquement nécessaire » des conditions d'existence des organismes, ou « un moyen qui permet aux organismes de s'y adapter » ; et c'est cela, en définitive, que la science sociale a le devoir de démontrer. Mais, pour Quetelet, la fréquence d'un caractère n'est pas seulement le signe qu'il est normal, il n'est pas plus fréquent parce qu'il est normal, mais il est normal, en fait comme en droit, parce qu'il est plus fréquent. Un caractère qui se produit plus fréquemment est, en effet, par définition, un caractère plus probable, c'est-à-dire qu'il se rapproche davantage du type que la nature ou

1. *Ibid.*, p. 74-75.

le créateur se propose de réaliser. Les relations de fait qu'on pourra découvrir après coup entre ce caractère et telles ou telles conditions ne sont réellement pas explicatives de ce caractère : sa *cause* réelle, c'est sa probabilité plus grande, c'est-à-dire la supériorité numérique des combinaisons possibles qui le contiennent sur celles qui ne le contiennent pas. Et il n'y a pas d'autre moyen, d'ailleurs, de mettre en lumière ce degré de probabilité, que de constater qu'en fait ce caractère apparaît plus fréquemment.

Quetelet, il est vrai, a souvent exprimé la pensée que le type moyen, s'il ne possède pas une existence substantielle, est du moins, un idéal, un modèle, un moule. Sans doute, il ne « réalise » pas ce type en dehors des choses sensibles (sauf dans la pensée du Créateur) ; mais si c'est un être fictif, il s'agit d'une fiction bien fondée. S'il avait réussi à définir en termes philosophiques sa pensée, il aurait pu dire, comme Leibniz : « La généralité n'est que la ressemblance des choses singulières, mais cette ressemblance est une réalité. » Mais comment et où existe ce type, et comment se fait-il que le plus grand nombre des individus s'y conforment, s'il n'y a, réellement, que des individus? Il en parlera quelquefois comme d'un idéal qui agit sur la conscience des hommes et des peuples les plus éclairés. Quelquefois, il le confondra presque avec une organisation sociale donnée : il compare les mariages, les crimes et les suicides à un budget que la société doit payer chaque année, et qui dépend de sa forme et de ses institutions : il considère que chaque peuple a comme un tempérament et des tendances déterminées, et que les individus ne font qu'obéir aux impulsions du groupe dont ils sont les parties. En ce sens, le type domine et enveloppe les individus, puisqu'il est stable alors que ceux-ci changent. —Mais alors se pose un gros problème; il nous faut, en effet, comprendre « d'où vient que le type moyen se réalise dans la généralité des individus. Pour qu'il reste identique à lui-même alors qu'ils changent, il faut que, en un sens, il soit indépendant d'eux ; et pourtant, il faut aussi qu'il y ait quelque voie par où il puisse s'insinuer en eux[1] ». Quetelet a sans doute eu (à en juger par les passages que nous avons cités) le sentiment qu'on ne pouvait échapper à cette conséquence. Il parle souvent de l'influence que l'organisation sociale, les relations sociales, les institutions exercent sur l'individu. Toutefois, de beaucoup d'autres textes, et surtout de toute sa théorie, il résulte bien que, pour lui, ces réalités sociales sont faites d'éléments individuels, que toute leur substance n'est que cela. Sa pensée sur ce point est assez bien résumée dans ce passage curieux : « L'homme peut être considéré sous différents aspects: il possède avant tout son individualité, mais il se distingue encore par un autre privilège. Il est éminemment sociable : il renonce volontairement à une partie de son individualité pour devenir fraction d'un grand corps qui a sa vie aussi et ses différentes phases... *C'est la portion d'individualité engagée de la sorte* qui devient régulatrice des principaux événements sociaux... C'est elle *qui détermine les coutumes, les besoins et l'esprit national des peuples,* et qui règle le budget de leur statistique morale[2]. » Ainsi, bien que, sans doute, l'expérience de la réalité sociale l'ait

1. Durkheim, *Le Suicide*, p. 339.

2. *De l'influence du libre arbitre*, etc., p. 141-142, cité par Lottin, p. 480. C'est nous qui soulignons.

conduit à d'autres formules que M. Durkheim pourrait presque accepter, c'est à une conception individualiste qu'il demeure attaché.

Il y avait, en effet, une contradiction certaine entre l'idée de forces idéales ou sociales dont l'action se ferait sentir à travers la diversité des démarches individuelles, et les principes sur lesquels Quetelet n'a pas cessé de s'appuyer, savoir ceux du calcul des probabilités, qui, d'après lui, valent pour tous les faits physiques et moraux. Si la tendance au mariage, au crime et au suicide n'est rien d'autre que la probabilité (au sens mathématique) pour qu'un nombre donné d'hommes de tel sexe, de tel âge, de tel pays, se marient, transgressent les lois, mettent fin à leur vie, elle n'est donc qu'une simple expression mathématique de la probabilité des combinaisons diverses d'un certain nombre de causes, et ne doit pas être confondue avec une force sociale distincte des individus. Il convenait donc, pour bien comprendre la théorie de Quetelet, de s'en tenir là, et de ne point l'interpréter autrement.

Le problème se posait ainsi : étant données des régularités statistiques, comment en rendre compte, en supposant qu'elles doivent s'expliquer uniquement par la nature individuelle des hommes, et non par les influences que les uns exercent sur les autres en tant que membres et agents de la société, ou que leur groupe exerce sur eux tous[1] ? — On comprend que Quetelet

1. Bien entendu, Quetelet n'écarte pas l'idée que les hommes s'imitent. Mais les actes individuels d'imitation, envisagés d'ensemble, ne seraient que l'expression d'un aspect de la nature humaine, et se trouveraient régis, comme les manifestations de ses autres aspects, par la loi des grands nombres. M. Tarde lui reproche, non de n'avoir pas compris le mécanisme de l'imitation (ce que nous lui reprocherions nous-même), mais d'avoir

ait été très frappé de la ressemblance qu'il avait relevée entre la courbe exprimant la répartition des tailles et celle qui représente la répartition des erreurs d'observation, qu'il ait, d'ailleurs, vu dans celle-ci une simple application de la théorie des probabilités, et, dans celle-là, le type des lois auxquelles se trouvaient soumis tous les phénomènes humains et sociaux. Mais il nous a semblé que le calcul des probabilités n'est pas le seul moyen, ni le plus clair, d'expliquer ces régularités, qu'il ne s'applique que dans des conditions bien hypothétiques, et qu'on peut montrer dès le début, et de mieux en mieux à mesure qu'on en vient à des phénomènes d'ordre plus moral, que ces conditions ne se réalisent pas en fait.

Le calcul des probabilités repose, en effet, sur cette dée, que la probabilité d'un fait qui peut résulter d'un certain nombre de combinaisons est mesurée par le rapport du nombre des combinaisons possibles d'où il résulte au nombre de toutes les combinaisons possibles d'où il résulte ou d'où il ne résulte pas, — à la condition que toutes ces combinaisons soient indépendantes l'une de l'autre, et que la réalisation de l'une n'ait aucune influence sur la réalisation ou la non réalisation des autres. Or, cette indépendance absolue des faits ou des combinaisons, qu'on admet en théorie, nous avons vu qu'on la réalise artificiellement, dans

méconnu le rôle de l'invention. « C'est ainsi que la statistique, dont la régularité n'exprime au fond que l'asservissement imitatif des masses à des fantaisies ou à des conceptions individuelles d'hommes supérieurs, a pu être invoquée comme confirmation du préjugé à la mode, suivant lequel les faits généraux de la vie sociale seraient régis, non par des volontés ou des intelligences humaines, mais par des mythes appelés lois naturelles. » *Les lois de l'imitation*, 2e édition, 1895, p. 131.

les jeux de hasard, par la mise en relation d'un mécanisme et d'un organisme, d'où résulte le maximum de désordre. En effet, si on s'en tenait à un dispositif mécanique, il y aurait, en vertu des lois de la matière inerte, un principe de régularité, un enchaînement des faits tel que, le même état des causes se retrouvant (et il se retrouverait forcément, au bout d'une période quelconque), exactement la même série d'effets se déroulerait à nouveau.. Si on s'en tenait à la mise en rapports d'organismes d'une même espèce, il y aurait, en vertu de leurs habitudes et de leurs ressemblances naturelles, un principe de régularité d'une autre sorte, fondé sur le souvenir, ou l'intention, une relation des actes les uns aux autres et comme une liaison des diverses démarches. On s'arrange de façon à ce que le mécanisme, qu'un organisme mettra en branle, soit assez complexe pour qu'un très petit changement ait de très grandes conséquences, et de façon à ce que l'acte accompli par l'organisme soit à ce point, comme tel, indifférent, qu'il en devienne presque inconscient, et que ni la mémoire, ni la réflexion n'aient prise sur lui. Ainsi, tout principe de régularité se trouve écarté.

Peut-on maintenant assimiler des faits organiques constants, tels que la répartition régulière des tailles autour d'une moyenne correspondant aux tailles les plus fréquentes, à des faits de hasard qui seraient régis par la loi des probabilités ? Ce serait admettre que les combinaisons physiques ou physiologiques d'où résultent les êtres sont indépendantes les unes des autres et de toutes celles qui les ont précédées. Mais rien n'est plus contestable. On a reproché avec raison à Quetelet de n'avoir tenu compte ni de l'évolution des espèces vivantes, ni de leurs migrations : nous pourrions ajouter dès maintenant, même à propos de ce phénomène qui semble purement physiologique : ni des coutumes sociales qui se sont établies parmi les hommes. Qu'à l'intérieur d'une même espèce les tailles tendent à s'égaliser, cela peut s'expliquer par l'élimination, au cours de l'évolution antérieure, des êtres qui, par leur taille (et, sans doute, par d'autres caractères en rapport avec celui-ci), s'écartaient trop du type qui réalisait le mieux les conditions nécessaires pour s'adapter et subsister : et rien ne prouve que ce processus ne se poursuive pas. D'autres éliminations ont pu résulter de ce qu'une espèce a changé de lieu, ce qui a resserré encore les limites des conditions d'adaptation les meilleures. Enfin, si certains cas extrêmes deviennent encore plus rares grâce au mélange des hommes de races différentes, et aux unions matrimoniales entre êtres de toute conformation physique, si, en ce cas, il y a en effet du désordre, ce qui entraîne un balancement des cas extrêmes et une prédominance des cas moyens, ce désordre résulte de l'organisation matrimoniale (moins exclusive sans doute aujourd'hui qu'autrefois), et de la facilité plus grande des rapports entre hommes de divers lieux. Mais de telles coutumes sociales sont un principe d'uniformité, de régularité, et expriment en tout cas la dépendance des individus les uns par rapport aux autres, ou d'eux tous par rapport au groupe. Ainsi, dans ce domaine purement biologique, les conditions dans lesquelles la théorie des probabilités pourrait s'appliquer ne se trouvent pas réalisées. Les individus dépendent de l'espèce, qui les a précédés de même qu'elle les enveloppe : leurs caractères les plus importants sont ce qu'ils sont parce qu'ils ont été déterminés et fortifiés, au cours de l'évolution antérieure, chez tous les membres de l'espèce. La nature extérieure, en sa configuration actuelle, le lieu où ils se trouvent, les bêtes d'autres espèces avec qui ils sont en rapport, s'expliquent de même par tout le passé de l'espèce, par son histoire, ses migrations, ses accroissements et diminutions. Tout un ensemble de forces générales, antérieures, extérieures, et, en tout cas, qui n'ont point leur origine dans sa nature individuelle, s'imposent ainsi à chaque être vivant. La continuité de la vie des organismes et des espèces, leur adaptation à la nature et à la société, sont autant de principes de dépendance et de liaison. Or, le calcul des probabilités ne s'applique qu'à un ordre d'éléments et de faits discontinus soit dans l'espace, soit dans le temps.

De tous les phénomènes sociaux, les faits de natalité et de mortalité semblent le plus en rapport avec des causes biologiques, c'est-à-dire, au sens où l'entend Quetelet, naturelles[1]. On peut considérer comme

1. « En général, dit-il, les phénomènes prennent naissance par deux espèces de forces, exercées d'un côté par la nature, et de l'autre par l'homme ou par des causes accidentelles. Celles produites par la nature sont ou continues ou périodiques, et laissent mesurer leurs effets d'une manière plus ou moins facile ; les autres, produites par l'homme ou par d'autres causes accidentelles, n'ont guère de périodicité, suffisamment marquée surtout, pour développer des effets continus : elles échappent au calcul, et l'on ne peut guère considérer que comme accidentels les phénomènes qu'elles font naître : le calcul ici donne lieu à des *possibilités* plutôt qu'à des *probabilités* mathématiques. Plus généralement, les forces de la nature opèrent en même temps que les forces accidentelles ; or, le grand art de l'observateur est de savoir faire leur part d'action respective : l'une éternelle... l'autre accidentelle, parce qu'elle entrave accidentellement et de toutes les manières l'action de la nature. » *Physique sociale*, t. I, p. 358-359. Par « forces exercées par l'homme », il entend tout cet ensemble d'activités d'où résultent la science, les institutions

une propriété de l'organisme humain d'avoir une chance sur deux en moyenne d'être d'un sexe plutôt que de l'autre, et de durer en moyenne tant d'années. A s'en tenir au témoignage de la conscience individuelle, il apparaît que naître et mourir sont des faits qui ne dépendent point de notre volonté, ni de la volonté de chacun de nos semblables isolément considérés. Où en trouver les causes, sinon dans les faits organiques élémentaires qui se combinent de bien des façons ? Il semble légitime d'admettre que les combinaisons d'où résultent la naissance et la mort des êtres sont entièrement indépendantes les unes des autres. Dès lors, pour expliquer les régularités relevées en ce domaine, l'équilibre des sexes à la naissance, la proportion constante des morts aux âges différents, proportion différente de sexe à sexe, mais constante pour chacun d'eux, est-il possible, et est-il d'ailleurs besoin d'invoquer d'autres principes que les lois du hasard ? En dépit des influences que les institutions et les mœurs peuvent exercer, et qui n'entraînent que des variations accidentelles, des lois naturelles constantes transparaissent, où s'expriment seulement des degrés de probabilité. — Nous avons examiné de près comment on pouvait expliquer l'équilibre des sexes, et il nous a paru qu'il était bien impossible de ne pas rattacher les naissances actuelles aux naissances antérieures, puisque ce sont les hommes et les femmes nés autrefois qui procréent actuellement. Sans doute, puisque le père et la mère coopèrent à la production de l'enfant, il semble difficile d'invoquer ici l'hérédité. Mais, d'abord, le sexe semblant résulter du

politiques et sociales, qui ont, plus ou moins confusément, pour lui, un caractère artificiel.

moment où l'œuf est fécondé, et la fréquence des fécondations variant suivant le rapport du nombre des mâles au nombre des femelles, une hypothèse est concevable dans laquelle l'équilibre des sexes se rétablirait par le fait même qu'il est rompu. Si l'équilibre des sexes est un avantage pour l'espèce, on conçoit que ces espèces seules aient subsisté dans lesquelles cette autorégulation se réalisait. Ainsi, ce n'est pas le hasard, c'est, ici encore, un caractère général de l'espèce qui expliquerait cette régularité. D'autre part, le sexe semble dépendre en quelque mesure (et cette explication n'est pas sans rapport avec la précédente) de l'écart d'âge plus ou moins grand entre les parents. Or, à l'intérieur de la société, les lois et l'opinion déterminent la limite d'âge inférieure et l'écart d'âge acceptable pour le mariage. Le rapport d'âge des hommes et des femmes capables de procréer s'explique ainsi par des causes sociales. On ne peut dire que les unions matrimoniales en général, les unions matrimoniales de telle espèce (à tel âge, avec tel écart d'âge) soient indépendantes les unes des autres ; on conçoit que, de ce qu'il s'en est conclu un grand nombre de telle espèce, la tendance à en conclure d'autres de même espèce ou de quelque autre se trouve altérée dans le groupe. Ici encore, qu'on tienne compte des caractères généraux de l'espèce animale ou du groupe social humain, il faut bien que les « cas individuels » se placent dans des cadres constitués d'avance, et qui s'imposent à eux, bien loin qu'ils en résultent.

La régularité des morts n'est pas davantage un fait de hasard, et que le calcul des probabilités suffise à expliquer. La cause essentielle des variations de la mortalité nous a paru être surtout l'inégale importance attribuée à la vie humaine suivant les groupes. Or, ce jugement de valeur varie naturellement suivant les mouvements mêmes de la mortalité. Entre les morts successives, à s'en tenir aux phénomènes physiologiques, il semble qu'il n'y ait pas de rapports. Pourtant, puisque la mort résulte des conditions de la vie, et que celles-ci sont déterminées dans une large mesure par la société, la continuité de la vie et de l'action sociale se communique aux faits de mortalité. Tout se passe comme si la société réglait elle-même à chaque moment sa mortalité, en s'inspirant de ce qu'elle a été précédemment. Mais, à une même époque, les morts qui se produisent dans les différentes parties d'une même société ne sont point non plus à considérer isolément. La mortalité des basses classes est liée à la mortalité des hautes classes, par exemple, soit que la diminution de celle-ci ait pour contre-partie un accroissement de celle-là, soit qu'elle devienne au contraire une raison pour que tout l'effort de la société se porte à diminuer celle-là de même, et à la ramener au même taux que la précédente. Ainsi la mortalité peut être comparée à un courant où des influences se transmettent à la fois d'amont en aval, et transversalement, où toutes les particules liquides, ou plutôt tous les courants secondaires forment un tout bien lié. L'indépendance des cas individuels, postulée par le calcul des probabilités, ne se réalise pas non plus en ce domaine.

Les mariages, les crimes et les suicides sont rangés par Quetelet dans le groupe des faits moraux proprement dits. Si on admet qu'entre ceux-ci et les précédents il y a une différence profonde, en ce que, cette fois, la volonté intervient librement, et en ce que ces actes ne dépendent que d'elle, comment ne pas s'étonner des régularités qu'ici encore on retrouve? L'étude des mariages en général, des mariages par catégories d'âge, révèle qu'ils sont soumis à des lois plus rigoureuses même que celles qui régissent les morts. Les crimes et délits de chaque espèce, et les suicides, se reproduisent avec une constance qui permet de les comparer à un budget annuellement payé par la société. Or, si tous ces faits ont leur cause dans la nature individuelle des hommes, pourquoi hésiter à les expliquer de la même façon que les faits jusqu'ici étudiés ? La seule difficulté, c'est l'existence supposée du libre arbitre. « Ce qui distingue surtout les phénomènes moraux des phénomènes purement physiques, c'est l'intervention du libre arbitre de l'homme. Cet élément capricieux et désordonné, en mêlant son action à celle des causes qui dominent le système social, semble devoir déranger à jamais toutes nos prévisions [1]. » Mais, d'une part, l'influence du libre arbitre est d'autant plus grande qu'elle s'exerce dans le sens de la raison. Alors « cette force en apparence si capricieuse serait loin de troubler la marche du corps social ; c'est, au contraire, à son intervention que serait due la reproduction si régulière des mêmes faits » [2], puisque c'est par la raison que l'homme se représente l'état moyen qui lui convient le mieux et dont il tend à se rapprocher. D'autre part, la neutralisation des volontés particulières dans la volonté générale n'empêche pas que « l'homme possède une force morale capable de modifier les lois qui le concernent ; mais cette force

1. *Du système social*, p. 65.
2. *Sur la statistique morale*, etc., p. 5.

n'agit que de la manière la plus lente, de sorte que les causes qui influent sur le système social ne peuvent subir aucune altération brusque ; telles qu'elles ont agi pendant une série d'années, telles elles agiront encore pendant les années qui vont suivre[1] ». — Rien ne nous empêche donc de considérer les faits moraux comme les résultats de combinaisons individuelles, c'est-à-dire des natures, des tempéraments et caractères des hommes, qui se reproduisent dans le même rapport pour chaque sexe et pour chaque âge : plus ces combinaisons seront rares, c'est-à-dire complexes, moins elles seront probables, et plus seront exceptionnels les actes qui les expriment. Mais cette rareté sera définie, le rapport de ces exceptions aux autres cas sera constant, parce que la probabilité (c'est-à-dire la proportion des combinaisons de chaque espèce) sera demeurée la même.

Mais une telle hypothèse ne tient pas compte de la signification sociale du mariage, du crime et du suicide. Il semble que, pour Quetelet, ce ne soient là que les signes de certaines tendances, de l'intensité très grande de ces tendances, mais que ces signes en eux-mêmes n'aient aucune influence propre sur les hommes et leurs sentiments. On admettrait ainsi qu'à tous les degrés de la tendance au mariage, au crime et au suicide correspondent des actes, ou des abstentions, qui les expriment, mais qui, d'ailleurs, ne diffèrent eux-mêmes les uns des autres qu'en degré. Que l'observation ne puisse pas atteindre tous ces actes et ces symptômes, parce que la société ne remarque et n'enregistre que ceux qui l'intéressent,

1. *Recherches sur le penchant au crime*, etc., p. 81.

qu'elle ne puisse s'attacher qu'aux signes de tendances très intenses, en quoi cela entraînerait-il une différence de nature entre celles-ci et celles qui le sont moins? — Mais, en réalité, puisqu'il y a une définition légale et sociale du mariage, du crime et du suicide, il est inévitable que les hommes qui se marient, qui commettent des crimes, qui se suicident forment autant de groupes, qui sont à la fois le siège, et l'objet pour les autres groupes, de représentations collectives assez intenses. En d'autres termes, se marier, ou commettre un crime, ce n'est pas seulement éprouver à un degré plus fort une tendance qu'on ressentait déjà quand on était célibataire, ou innocent, mais c'est prendre conscience d'appartenir, ou d'être sur le point d'appartenir nettement à un groupe en dehors duquel on se trouvait non moins nettement jusqu'alors, et c'est participer de façon soudaine à tout un ensemble nouveau de sentiments et d'idées sociales.

Dès lors, on ne peut pas soutenir que les dispositions morales qui poussent les hommes à de telles démarches soient indépendantes des dispositions morales des autres hommes, à la même époque. En effet, d'être rangés ainsi, de leur propre aveu ou consentement, et par l'opinion, dans une même catégorie sociale, c'est, entre tous les membres d'un tel groupe, un principe de ressemblance et d'uniformité. Mais, avant même qu'ils n'aient franchi ce pas, il y a au moins toute une période pendant laquelle les hommes qui doivent appartenir à un groupe subissent son influence, se trouvent en quelque sorte dans sa zone d'attraction. Il serait souvent bien difficile à un homme d'expliquer pourquoi il se marie, pourquoi il viole la loi : qu'il examine ses motifs et mobiles, qu'il cherche à comprendre sa décision en la rattachant à une série de réflexions, le plus souvent il y échouera, et sera conduit à invoquer l'inconscient. En réalité, il s'est borné à prendre conscience de sa place dans la société, des jugements collectifs auxquels on attribue le plus de valeur dans les groupes auxquels ils se rattache le plus étroitement, et de ce qu'on pense de lui, de ce qu'on attend de lui, dans ces groupes. Ainsi, sous l'influence des groupes voisins, sa nature individuelle, sans doute originale et complexe, après avoir reçu un certain nombre de façons (les mêmes que reçoivent beaucoup d'autres), se trouvera simplifiée de manière à pouvoir entrer en telle ou telle catégorie sociale. De bonne heure, dès qu'ils participent à la vie sociale, les hommes commencent à subir ces empreintes, c'est-à-dire à se définir en termes sociaux. Or, la loi des grands nombres, qui vaut peut-être pour un grand nombre de cas individuels, ne s'applique plus à un nombre toujours forcément limité de types collectifs. On ne peut plus dire que les écarts de la moyenne, ou les divergences, se compensent, puisque les écarts ne sont plus individuels. On ne peut plus dire que ces actes soient indépendants les uns des autres, puisqu'ils sont accomplis par des individus répartis entre des groupes, et puisque c'est en tant que membres de ces groupes que les individus accomplissent ces actes.

Mais il ne faut pas tenir compte seulement de l'influence que les groupes exercent ainsi à une même époque. Il se peut, par exemple, qu'à un moment l'opinion soit très favorable au mariage. Les mariages conclus par les autres peuvent être une raison pour nous de les imiter, ou de ne les imiter pas. Non que l'influence sociale se ramène en définitive à l'imitation d'un individu par un autre, à l'opposition d'un individu à un autre. Les cas particuliers sont pour nous, plutôt, l'occasion de poser les problèmes en termes sociaux, de prendre conscience de sentiments et pensées collectives qui dépassent aussi bien nous-mêmes que ceux que nous imitons. Mais c'est surtout dans le temps qu'un tel jeu d'action et de réaction se laisse percevoir. Si la nuptialité s'est trop ralentie à une époque, c'est quelquefois une raison pour que la société pèse sur tous ses membres, et en oblige le plus grand nombre à se marier, à l'époque suivante, comme ce peut être, au contraire, le commencement d'un mouvement de baisse qui s'accélèrera. De toute façon, à travers l'opinion et les lois, le passé agit sur le présent.

Il y a des courants criminogènes et suicidogènes, qui renversent d'autant mieux les obstacles, ou qui, au contraire, se brisent d'autant plus vite, qu'ils viennent de plus haut et de plus loin. En d'autres termes, les notions de mariage, de crime, de suicide sont sociales. Elles expriment une pensée collective organisée, ou en voie de s'organiser. Communes aux hommes des différentes générations, elles sont entre eux un principe de solidarité, elles tendent entre leurs pensées comme un tissu continu de croyances et d'habitudes morales. C'est même cette série continue des traditions morales qui passe au premier plan, qui, saisissant l'homme dès son entrée dans la société, l'oblige d'abord à se mettre d'accord avec ceux qui l'ont précédé. Si les organismes humains, soumis à toutes sortes d'influences variables, tendent peut-être à créer à l'homme comme un milieu interne où il s'isole, la conscience sociale retient de cette matière informe les éléments, tendances et impulsions, qu'elle se peut assimiler, sur lesquels elle a prise, oblige l'homme à se les représenter sous la forme qu'elle leur communique, lui impose le sentiment qu'il est membre de tel groupe qui l'a précédé dans le temps, et qu'il doit se comporter comme tel. La société, et les démarches morales de ses membres, sont peut-être, dans toute la réalité, le domaine où il est le moins possible de considérer un individu et ses actes, abstraction faite de tous les autres : c'est laisser de côté tout l'essentiel. C'est dire que c'est le domaine où le calcul des probabilités s'applique le moins.

En résumé, Quetelet a eu un sens très juste de l'existence des lois sociales qui s'imposent aux volontés individuelles, et il lui est arrivé de parler de la société et des institutions collectives comme de « choses » qui portent en quelque sorte en elles les lois de leur développement. Mais, comme presque tous les philosophes, moralistes, statisticiens et écrivains sociaux de son temps, après avoir entrevu ce point de vue, il ne l'a pas adopté. Ayant relevé un grand nombre de constances et régularités dans les faits sociaux, il n'a pas douté qu'il ne fût possible de les expliquer par les lois simples qui s'appliquent en mécanique. Sous les faits collectifs, il a cherché les démarches individuelles, de nature surtout physiologique, qui, se ressemblant, s'opposant, se renforçant ou s'annulant, permettent à celles qui sont le plus fréquentes, parce qu'elles répondent aux combinaisons de causes les plus simples, de transparaître seules. Il a échafaudé ainsi une vaste hypothèse qui, au point de vue de la recherche scientifique, offre déjà ce gros inconvénient ou bien de nous condamner à ignorer les causes, ou, si nous voulons les atteindre, de nous engager en des calculs d'une complication infinie. Il faut accepter l'idée du fait social considéré comme fait irréductible, si l'on ne veut pas se perdre dans le détail des faits de conscience individuels. Au fond, Quetelet n'a aperçu les régularités qui l'ont tant frappé qu'à cette condition.

Mais, indépendamment de son utilisation scientifique impossible, sa théorie soulève enfin deux objections dernières, qui nous paraissent bien décisives. Il croit que, dans la société, comme dans le monde des êtres vivants, le moyen, le plus fréquent, c'est le meilleur, c'est l'idéal. Le fondement de cette conviction, c'est bien, en somme, une conception téléologique ou finaliste de l'univers. Puisque les multiples causes des événements naturels comme des événements humains tendent à faire que ceux-ci se groupent régulièrement en deçà et au delà de cas beaucoup plus fréquents que les autres, comment en rendre compte, si l'on ne se représente pas, dans la nature même ou derrière elle, des types, qu'on dira fictifs, puisqu'en somme on n'aperçoit dans le monde sensible que des cas individuels, mais qui n'en existent pas moins en tant qu'idées et modèles, et qui représentent, par conséquent, la perfection. Mais si les faits dont il s'est occupé et leurs régularités s'expliquent en définitive surtout par l'action organisatrice des espèces ou des sociétés, par leurs tendances et leurs efforts en vue de s'adapter, comme cette action se heurte à des forces contraires, comme, en particulier dans la société, aux influences sociales s'opposent souvent les tendances individuelles de nature ou à base organique, et qui ne se plient à elles qu'en partie, rien ne prouve que les cas les plus fréquents, ou la moyenne des cas individuels, représente en réalité ce qui vaut le mieux, et l'idéal de l'adaptation. La question ne se pose pas évidemment dans les mêmes termes, lorsqu'il s'agit des espèces vivantes, ou des sociétés. Les espèces paraissent adaptées le plus souvent à leurs conditions d'existence, si bien que leur constitution et conformation moyenne représente peut-être ce qui leur convient le mieux, leur type idéal (au reste, même dans ce domaine, bien des imperfections subsistent, qui sont peut-être la rançon d'autres avantages). Mais les sociétés évoluent. Chaque société se décompose d'ailleurs en groupes, qui eux-mêmes évoluent. Il y a un perpétuel effort d'adaptation de la société aux autres, et, à l'intérieur de chaque société, des institutions et des groupes secondaires à l'ensemble. Alors, ce qui est moyen, ou le plus fréquent, représente selon toutes vraisemblances un compromis entre ces tendances réelles de la société, et les tendances auxquelles elles se heurtent (impulsions physiologiques individuelles, survivances d'un état et de coutumes sociales anciennes). Mais ce n'est pas nécessairement un idéal.

D'autre part, Quetelet a pris comme principe d'explication l'objet même qui était à expliquer, savoir l'individu. Ses habitudes d'esprit individualistes l'ont empêché de s'apercevoir qu'il s'engageait ainsi dans une impasse. En effet, qu'entend-il, en définitive, par « homme moyen » ? On a beau ne voir là qu'une expression commode, mais qu'il ne faut pas prendre à la lettre, et dire qu'en réalité il a voulu désigner le type abstrait qu'on constituerait en rassemblant toutes les propriétés générales des hommes. Toujours est-il que deux conceptions étaient possibles. Dans l'une, on s'attache aux tendances et aux fonctions des sociétés, on considère qu'elles ont une réalité indépendante des natures individuelles auxquelles elles s'appliquent, et on cherche à les expliquer les unes par les autres. Ce n'est pas celle de Quetelet. Il considère plutôt les faits et les rapports sociaux comme le portrait qui se dégage de la superposition d'une quantité de natures et démarches individuelles, dont les caractères et tendances opposées s'annulent pour laisser ressortir ce qui est le plus fréquent : mais le « résidu » demeure individuel. En d'autres termes, entre les individus purs et simples, et les idées ou concepts, les psychologues reconnaissent qu'il y a des intermédiaires qu'ils appellent images génériques. Ainsi, à chaque personne longuement observée correspondent une quantité de traits particuliers, d'images distinctes (suivant les moments) : à travers cette diversité, quelques traits plus constants ressortent : leur ensemble sera l'image générique de cette personne. Mais, malgré sa ressemblance avec une idée, elle demeure la représentation d'un individu. Or, Quetelet considère volontiers les hommes comme autant de copies d'un même modèle, dont quelques-unes seulement sont approchées, et représentent la moyenne : mais le modèle est conçu comme un individu, et ces copies les plus approchées sont individuelles. — Nous croyons qu'entre les types individuels ainsi définis, et les forces physiques ou organiques élémentaires, il existe des espèces sociales, dont la nature, loin de pouvoir jamais s'exprimer tout entière dans la nature et les démarches d'un individu, si « moyen » qu'on le suppose, n'apparaît chez lui et dans sa conscience que tronquée et déformée, puisqu'elles dominent et déterminent les individus, loin d'en émaner, puisque leurs propriétés et leurs tendances ne se révèlent que dans les rapports qui s'établissent entre les groupes.

TABLE DES MATIÈRES

ÉVREUX, IMPRIMERIE CH. HÉRISSEY, PAUL HÉRISSEY, SUCC[r]

www.ingramcontent.com/pod-product-compliance
Ingram Content Group UK Ltd.
Pitfield, Milton Keynes, MK11 3LW, UK
UKHW012031240726
13965UKWH00002B/717